Cómo cobrar facturas impagadas

Rafael Morales

Cómo cobrar facturas impagadas

Guía práctica para reclamar deudas mediante el procedimiento monitorio

Rafael Morales

Colección Emprendimiento Ágil

1ª Edición - Febrero 2021

Revisión D

Índice

Introducción 9
    Nota para los lectores de fuera de España 17
Capítulo 1. Define una estrategia de cobro 19
    Un caso real 21
    Gestión de riesgos 27
    Un ejemplo de gestión de riesgos 31
    Cómo vencer el miedo a reclamar 34
    La estrategia 38
    En resumen 41
Capítulo 2. El requerimiento extrajudicial 43
    Objetivos del requerimiento 43
    Primer requerimiento: email 45
    Segundo requerimiento: email 50
    Tercer requerimiento: burofax 56
    Llamadas telefónicas 63
    En resumen 67
Capítulo 3. La demanda monitoria 71
    El proceso monitorio 74
    Requisitos del proceso monitorio 78

Limitación económica del proceso 80

Prescripción de la deuda 82

Reclamación de intereses 85

Competencia territorial 88

Redacción de la demanda 90

Presentación de la demanda 95

Desarrollo del procedimiento 98

En resumen... 101

Capítulo 4. El Juicio Verbal 105

Características del juicio verbal 106

Transformación de la demanda monitoria 108

Contestación a la oposición 110

La vista oral 115

La sentencia 118

El allanamiento 121

En resumen... 122

Capítulo 5. Prevención y mejora continua 127

Valoración de riesgo 128

Seguros de crédito y cobro 131

Estudio de reputación 132

Preaviso de vencimiento 134

    Uso de plantillas 135

    Mejora continua 136

    En resumen 138

Epílogo 141

Lecturas recomendadas 143

    Guía sobre el Procedimiento Monitorio 143

    Guía sobre el Juicio Verbal 143

    El Proceso Monitorio en la Ley de Enjuiciamiento Civil 143

Aviso legal 145

Agradecimientos 147

Sobre el autor 149

Otras obras del autor 151

    Fuera de colección: 151

    Títulos de próximo lanzamiento: 151

    En la colección Emprendimiento Ágil: 151

    En la colección LegalScrum 152

    En la colección Cuadernos de Consumo 152

Introducción

Según la información publicada recientemente por la Federación Nacional de Trabajadores Autónomos (ATA), casi el 40% de los profesionales independientes (autónomos) padecen impago de facturas a lo largo del año. De estos, la mitad tarda más de seis meses en cobrar las deudas y algo más de un 5% puede tardar más de un año en conseguirlo. Eso quiere decir que la probabilidad de que no cobres una factura a tiempo es de dos entre cinco. De cada cinco facturas, dos te darán problemas.

Según el Estudio de Gestión de Riesgo de Crédito de la empresa Crédito y Caución, especializada en seguros de cobro, cerca de 85.000 empresas en España estaban en riesgo de cierre por problemas de morosidad a finales de 2019. Y eso fue antes de que la crisis sanitaria de 2020 hundiera la facturación y necesitaran urgentemente realizar esos derechos de cobro.

Estas cifras que te doy, y muchas más que podría añadir, sólo tienen el objetivo de confirmar la sensación que posiblemente tengas: vivimos en una cultura de la morosidad, en la que las operaciones comerciales sufren una alarmante tasa de impago, que pone en riesgo la viabilidad de las empresas.

Traducido en palabras llanas, esta situación le quita el sueño a mucha gente, que pone su esfuerzo en lanzar un negocio y que, tras prestar sus servicios o hacer el trabajo que le encargan lo mejor que puede, se encuentra con que llega la ansiada fecha de pago y el dinero no entra en la cuenta. Pasa un día, dos, cinco, y el dinero sigue sin llegar.

Llamas al responsable de la empresa que te debe el dinero y no contesta, no tiene tiempo, va a consultarlo, no sabe qué ha pasado, hay que esperar un poco. Pero el caso es que pasan los días y el dinero no llega.

Mientras tanto, tus propias obligaciones van venciendo, desde los contratos de suministros básicos para mantener las cosas en marcha, como el teléfono, la luz o el alquiler del local en el que tienes el negocio, hasta los pagos a proveedores, las nóminas a tus empleados (si los tienes) y los impuestos.

Nadie perdona. Si no pagas la luz, te la cortan. Si no pagas el teléfono, te lo cortan. Si no pagas los impuestos, te imponen sanciones de mayor o menor gravedad, en función del sitio en el que vivas. Si no pagas las nóminas, te demandan.

Da la sensación que hay una enorme asimetría, una enorme descompensación entre la exigencia que te ponen a ti para cumplir con tus obligaciones contractuales y la falta de seriedad con la que tus clientes cumplen las suyas. Porque para exigir descuentos, entregas en ciertos plazos y condiciones ventajosas, todo el mundo exige pulcritud, pero cuando llega el momento de pagar con puntualidad, las cifras que he compartido al principio indican claramente que un gran número de gente no cumple.

Llega un momento en que esta situación trasciende los límites del negocio y se mete en tu casa. Porque los pequeños empresarios y autónomos no tienen un sueldo que llegue mágicamente de alguna cuenta bancaria anónima, sino que deben sacar ese dinero del rendimiento de su empresa, que se concreta en el pago que reciben por las facturas emitidas. Si no se cobra, no hay nómina. Y el empresario es

Introducción

el último que cobra cuando las cosas se ponen feas. Antes de coger su sueldo, tiene que pagar todos esos conceptos que acabo de señalar: suministros, empleados, impuestos, alquileres, comisiones...

Un día te llega un aviso indicando que el recibo de la luz de tu propia casa no se ha pagado. Tu pareja te comenta que falta dinero para la compra diaria, para el colegio de los niños o para ropa. El abatimiento, la impotencia y la tensión se instalan en tu hogar.

Llegan a producirse situaciones absurdas, como que tengas que buscarte un trabajo adicional, tú o tu pareja, para hacer frente a las deudas. Ha llegado ese momento en que el negocio no sólo no te da satisfacciones ni ingresos, sino que te cuesta dinero mantenerlo. Si había ahorros, desaparecen. Y el dinero que te deben sigue sin llegar. Cada llamada que haces sigue encontrando excusas o evasivas.

Un día, cuando ya no puedes más, cuando tu vida o tu salud están en riesgo por el estrés y la falta de sueño, decides que has aguantado bastante y que vas a reclamar lo que te deben por la vía judicial.

Y entonces es cuando llega el mayor varapalo que puedas imaginar, porque la visita a cualquier bufete de abogados termina con una petición de fondos por adelantado para hacer frente a ciertos gastos, que es proporcional a la cuantía de la deuda. Si no tenías dinero para comer, ahora tienes que sacarlo de algún sitio para poder cobrar lo que te deben hace meses.

Si has vivido algo parecido a esto, te pareces a mí y a los millones de pequeños empresarios y profesionales independientes que hemos elegido trabajar por nuestra cuenta, poner en marcha nuestras ilusiones empresariales, y tratar de hacernos un hueco en la vida mediante nuestro esfuerzo, para encontrarnos en algún momento con la dura realidad de los impagos.

Son muy pocos los abogados que trabajan "pro-bono", adelantando ellos los gastos y quedándose con un porcentaje de lo que consigan recuperar. Y comprendo que haya un cierto resentimiento social hacia algunas de sus actitudes, pero también tienes que ponerte en su lugar: en su inmensa mayoría ellos también son pequeños empresarios o trabajadores autónomos.

Si dedican su tiempo a tu caso, es porque tienen la esperanza de poder cobrar sus servicios y no se trata de que no tengan confianza en ganar; es que no pueden tener decenas de casos en el aire, esperando meses a que salga una sentencia que puede ser favorable o no y que puede verse retrasada otro tanto por el recurso de la parte contraria.

Un abogado tiene que dedicar tiempo a recibirte, escucharte, estudiar la documentación, comprobar si hay base fáctica y jurídica para la demanda, elegir la mejor estrategia, preparar los documentos, escribir la demanda, presentarla y dar la cara cuando llegue el día de la vista oral y haya que comparecer en sala, dedicando toda una mañana a esa gestión.

Todas estas circunstancias conspiran para que llegues a un punto de desesperación en el que ya no sabes qué hacer. Muchas personas tienen que tirar la toalla, cerrar el negocio, buscar un empleo por cuenta ajena y asumir las pérdidas. Es una especie de burbujeo constante de creación y destrucción de empresas, movido por una de las prácticas más denostables: la morosidad.

Casi toda mi carrera he trabajado como profesional independiente. No fue una decisión muy meditada, sino más bien el impulso de querer

Introducción

ganarme la vida con lo que me gusta y que la recompensa esté a la altura de mi esfuerzo. De poder tomar mis propias decisiones, elegir por dónde voy, qué hago y cómo lo hago. Aceptar los errores, aprender de la experiencia y seguir adelante. En mi caso, durante muchos años, compaginando mi actividad de escritor y periodista con la de formador y consultor en gestión de sistemas informáticos, seguridad y dirección de proyectos.

Me casé con veintiséis años en ese contexto y al poco tiempo tuvimos a nuestro primer hijo, que vino al mundo en una madrugada de primavera. La comida de mi casa dependía de que yo cobrase las facturas a tiempo. Mi mujer, que también tenía su propio negocio, estaba convaleciente y recuperándose. Ella necesitaba que yo aportase estabilidad en el hogar y la apoyase. Y en esas condiciones, el dueño de la empresa de formación en la que había estado dando clase tres meses y me debía más de 7.000 € en facturas, decidió irse de vacaciones, sabiendo que me dejaba la deuda pendiente y con el anuncio de que "al mes siguiente" ya lo revisaríamos.

Son muy numerosas las ocasiones en las que me ha ocurrido algo así y he intentado todo lo que se me ha ocurrido para remediarlo: descuentos por pronto pago, seguros de cobro, porcentajes por adelantado... Es como una peste que impregna las relaciones comerciales, que deteriora la confianza entre proveedor y cliente y que termina por agotar la paciencia de todos, pero que, por alguna razón inexplicable, sigue produciéndose en todas partes.

Si trabajas con la Administración, la cosa puede ser aún peor. No sé cómo será donde vives tú, pero en España el plazo de pago de las administraciones puede prolongarse meses y años. Y la ley está trampeada de tal forma que no tienes muchas maneras efectivas de reclamar.

Finalmente, llegué a una conclusión: no me interesaba tener muchos clientes, sino clientes con los que pudiera trabajar con confianza, de los que he encontrado muchísimos en el sector editorial, algunos en la consultoría y muy pocos en formación. De nada me sirve generar decenas de miles de euros de facturación, si no los cobro y he tenido que adelantar los costes e impuestos para hacer el trabajo. Si a mí me dicen que tengo que estar en una sala de formación a las 9:00 de la mañana, y llego diez minutos antes para preparar las cosas, espero que cuando se dice que la factura se paga un día 25, el dinero esté el 24, o el 25 como muy tarde. Y si la otra empresa no entiende la reciprocidad de los compromisos con la misma exigencia que me los plantea a mí, es que no estamos jugando con las mismas reglas.

No tienes que estar de acuerdo conmigo. Sé perfectamente que hay mucha gente que acepta que "las cosas son así" y lo asume como parte de sus costes financieros. Pero, incluso si estás en ese grupo, creo que convendrás en que es algo indeseable, molesto y que demasiado a menudo termina con facturas incobrables o auténticas tragedias, como la quiebra de muchas familias.

La mayor parte de la economía se mueve gracias a los pequeños emprendedores y profesionales independientes. Es la suma de esos millones de personas esforzándose en salir adelante cada día lo que mueve una gran parte de la sociedad. Debería ser lógico que hubiera un marco legal que les protegiera de los impagos.

Introducción

Harto de esta situación, poco después de la crisis financiera de 2008 me puse a estudiar leyes. No es que lo necesitase para ganarme la vida, porque yo ya tenía mi negocio como experto en tecnología y gestión, pero quería tener mi propio criterio para hacer frente a situaciones como ésta. Profesionalmente, el conocimiento combinado de tecnología, gestión y Derecho me ha dado una visión única para afrontar cierto tipo de problemas y en la actualidad trabajo en la implantación de sistemas de gestión para despachos jurídicos, lo que ha terminado siendo un desarrollo de mi carrera profesional inesperado y muy provechoso.

En el camino, he llevado adelante decenas de procedimientos (puede que incluso superen la centena) de reclamación de impagos por todos los caminos posibles, en todas las fases que te puedas imaginar y con todo tipo de deudores; desde los que realmente no tienen dinero, a los caraduras que no pagan porque no les da la gana, porque son así, porque su forma de financiarse es que les hagas el trabajo gratis hasta que cobren ellos.

El resultado de toda esa experiencia es este libro, en el que quiero explicarte, paso a paso, qué es lo que tienes que hacer para cobrar esas facturas que tienes amontonadas en un cajón o una carpeta desde hace meses, que te están llevando a una situación incómoda o insostenible y que no sabes cómo resolver.

El sistema para resolver este problema es una combinación de paciencia, preparación y buenas prácticas. Paciencia para no perder los nervios, preparación para saber qué tienes que hacer y en qué momento y buenas prácticas para no perder clientes sin necesidad y mantener un flujo de caja saneado.

He escrito el libro siguiendo el proceso que quiero enseñarte, que empieza por valorar tus opciones, diseñar una estrategia de cobros y ejecutarla paso a paso, en acciones de contundencia creciente, hasta llegar a una condena que te favorezca, si es que por desgracia eso fuera necesario. Hay que evitarlo al máximo, porque no ganamos nada si vamos por la vida demandando a todo el mundo, pero hay un momento (que te enseñaré a identificar cuándo se produce) en el que hay que aceptar que no hay manera de cobrar las deudas de otra forma.

Lo mejor es que todo lo que voy a contarte puedes hacerlo por ti mismo. Todos los documentos y procedimientos están al alcance de tu mano, puedes ejercerlos sin abogado y procurador, sin pagar tasas ni esperar a que alguien te aclare dudas. Lo tienes todo aquí.

Las condiciones, tengo que decírtelo con claridad, son muy limitadas. El método que voy a enseñarte sólo funciona con un tipo de deuda de cobro: las que son de menos de 2.000 €, entre empresas o profesionales. Esto no funciona con deudas de la administración. Si tienes problemas con un ayuntamiento que no te paga, acude a un abogado. Merece la pena.

El límite de 2.000 € no es arbitrario, sino una limitación de la ley, ya que por encima de esa cantidad estás obligado a acudir a los juzgados con representación profesional. Pero por debajo puedes hacerlo por ti mismo. Eso te da una enorme agilidad a la hora de afrontar el problema. Teniendo el conocimiento, las herramientas y la oportunidad de afrontar la morosidad por tus propios medios, reducirás la incertidumbre y acortarás los plazos de cobro.

Si tienes deudas por encima de 2.000 €, tienes que acudir a un abogado. Pero incluso en ese caso es muy posible que lo que te voy a contar en ese libro te sea de utilidad, porque la estrategia es la misma y tu abogado agradecerá que le llegue un caso bien preparado y documentado. Las posibilidades de éxito serán mayores y, a fin de cuentas, eso es lo que te interesa; a ti para aumentar las posibilidades de éxito y a tu abogado para presentar una demanda más sólida.

Así que, vamos a ponernos en marcha. Coge ese montón de facturas que tienes pendientes de cobrar y vamos a ver cómo las recuperamos.

Nota para los lectores de fuera de España

El procedimiento que se describe en este libro corresponde a la aplicación de leyes españolas y, por tanto, sólo se puede realizar en este país. Siempre escribo todos mis libros, excepto lo de la colección Cuadernos de Consumo, de forma que se puedan utilizar con independencia de la zona en que residas, lo que en general no representa un problema porque suelen tratar sobre técnicas de dirección de proyectos o tecnología, que son temas bastante universales.

Sin embargo, en estos casos en que lo que explicas está íntimamente ligado al ordenamiento jurídico de un país concreto, tengo mis dudas sobre la conveniencia de distribuir el libro internacionalmente. No quiero que nadie se sienta engañado cuando, a mitad del texto, descubra que la legislación no es la suya y que el libro no sirve de nada. Pero en este caso, la situación es distinta.

El método que vas a leer aquí, si te animas a seguir adelante, es ante todo un método de gestión de la morosidad para emprendedores, pequeños empresarios y profesionales independientes, que te da una estrategia para cobrar facturas pendientes con las mejores posibilidades de éxito posible. El procedimiento monitorio, por ejemplo, existe con el nombre de "juicio ejecutivo" en México y Chile. Y en todas las jurisdicciones hay un procedimiento jurídico para demandar cantidades pequeñas.

La diferencia en tu caso, si no resides en España, es que el procedimiento que apliques en cada paso será el propio del sitio en el que residas, se llame "procedimiento monitorio", "juicio ejecutivo" o cualquier otra denominación que haya. Lo mismo para el juicio verbal, que en tu zona puede denominarse "demanda de menor cuantía" o "procedimiento abreviado".

Lo importante es que el método aquí descrito atraviesa una serie de etapas en la que vas documentando lo que ocurre, la conducta del moroso y los intentos que vas haciendo de resolver la disputa de forma amistosa y extrajudicial. Si, por desgracia, tienes que llegar a presentar el caso ante un juzgado, toda esa preparación te será de gran ayuda, tanto para hablar con tu abogado como para incrementar las posibilidades de éxito.

No obstante, no me parecía correcto dejar de avisarte, para que puedas decidir, bien informado, si lo haces o no. En caso de que te animes, empecemos.

Capítulo 1
Define una estrategia de cobro

Afrontar la morosidad de los clientes es un problema muy complejo, porque parece que es una elección excluyente en la que, o cobras lo que te deben y pierdes el cliente, o renuncias a ejercer presión y rezas porque en algún momento te paguen algo, con la esperanza de no perder el negocio. El punto débil de esa estrategia, que es la más extendida, es que renuncias al control sobre la situación.

En vez de controlar los tiempos en que ocurren las cosas, dejas que sean los demás los que decidan qué va a pasar y cuándo va a pasar. Esto es una mala idea por tantas razones, que casi no me parece necesario explicarlas, pero voy a darte una sola: tu hogar, tu familia, tu casa, tus hijos, tu estabilidad y la tranquilidad de tu casa no pueden depender de que en algún punto del futuro a los demás les parezca el momento adecuado de cumplir sus compromisos contigo.

Además, es perverso que, para conservar el trato comercial con un cliente, tengas que aceptar el incumplimiento de los compromisos de pago. Una relación comercial no puede estar basada en la asimetría de que tú debes cumplir escrupulosamente tu parte y el otro no.

Una buena gestión de tu negocio incluye una gestión adecuada de riesgos, entre los que tienes que situar el riesgo financiero por encima de cualquier otro. Sin estabilidad o un flujo de caja adecuados, no puedes garantizar la continuidad del negocio. Así de simple.

Así que lo primero que tienes que decidir es cuál va a ser tu política de gestión de cobros. Qué reglas son las que vas a seguir con los clientes para cobrar las facturas. Pero esa decisión no deberías tomarla cuando sufres un impago, sino antes de que se produzca. Es la diferencia entre una gestión adecuada de riesgos, en la que prevés qué problemas pueden surgir y defines unas reglas para afrontarlos, y una gestión deficiente, reactiva, en la que los problemas te atropellan y tratas de parchearlos como buenamente puedes.

En este momento lo normal podría ser que te dijera cómo planificar una gestión de cobros preventiva, pero voy a dejarlo para el final. Si has comprado este libro es porque, seguramente, tienes un problema de liquidez y cobro AHORA y necesitas salir adelante como puedas. Ya ha pasado, ya no podemos lamentarnos. Hay que afrontar el problema y eso es lo primero que vamos a hacer. Pero cuando terminemos, cuando hayas aprendido a utilizar los medios y herramientas necesarios para resolver la situación, haremos una breve reflexión sobre lo que ha pasado, para que no vuelva a ocurrir. O que, si ocurre, el impacto sea mucho menor y no ponga en riesgo la continuidad de tu negocio y la estabilidad de tu hogar.

Para conseguir este objetivo, quiero usar de ejemplo un caso real que me ocurrió hace unos años. A lo largo del libro me referiré una y otra vez a este escenario para que veas cómo aplicar el método y los recursos que voy a explicarte, desde la seguridad que funciona y que da los resultados deseados: cobrar las facturas impagadas, por tus propios medios, sin necesidad de sacar más dinero de donde no lo hay para pagar los gastos de representación jurídica. Lo sé porque he estado en tu situación, he hecho lo que te voy a decir y he ganado una y otra vez.

Cap. 1. Define una estrategia de cobro

Un caso real

Una parte importante de mi trabajo, como te decía en la introducción, ha sido la formación continua de profesionales. Una vez que superas la universidad y empiezas a trabajar, tienes que seguir formándote para estar al día, para adquirir las competencias que van surgiendo y que te hacen competitivo en el mercado. Lo que te pasa a ti individualmente, también le pasa a las empresas, que tienen que mantener a su plantilla actualizada para mantener su posición. Por eso hay un mercado de formación para empresas muy dinámico en todo momento y en cualquier país industrializado.

El problema de la formación en España es la tremenda informalidad de los centros de enseñanza. No voy a dar nombres, porque el objetivo de este libro es enseñarte un método efectivo de cobrar facturas, no de meterme yo en discusiones, pero me basta con decirte que, en mi experiencia, la práctica totalidad de las empresas de formación con las que he trabajado son impresentables. Puede parecerte que exagero, pero si te das una vuelta por cualquier foro de formadores verás que una y otra vez es recurrente el problema de que se han retrasado en pagar facturas, cómo consigo que me paguen o me han dicho definitivamente que no me pagan porque van a cerrar.

Cuando encuentras una empresa que cumple, te quedas con ella, porque es algo muy extraño. Pero esa es una lección que tienes que aprender y tardas varios años en aceptar que las cosas son así. Siempre piensas que has tenido mala suerte, que ha sido un caso aislado, que en realidad no se han retrasado tanto y un montón de excusas para justificar la posición que te comentaba hace un momento: no exijo el pago puntual, porque no quiero perder el cliente. ¿No te ha pasado alguna vez? ¿Es algo exclusivo del sector de la formación o también pasa en el tuyo?

Hace unos años me contrataron para impartir un curso en una empresa satélite de una importante operadora de telecomunicaciones. Como seguramente sabrás, todas las grandes empresas, como operadoras de telefonía, gas, servicios o viajes, trabajan con una maraña de proveedores en los que delegan una parte importante de sus operaciones. Para ellos, es una forma de reducir su riesgo laboral, porque en caso de tener que hacer ajustes de plantilla, realmente no "despiden" a nadie, sino que se limitan a no renovar una subcontrata.

En concreto, esta subcontrata se dedicaba a la instalación de redes de datos, si no recuerdo mal, y me pidieron que diera un curso de gestión de proyectos, aplicando la metodología Scrum. Si no la conoces, no te preocupes. Muy rápidamente te aclaro que en el área de gestión de proyectos hay dos grandes escuelas, casi antagónicas: la "predictiva" intenta afrontar el riesgo planificando todo de forma detallada; el "agilismo" intenta afrontar el riesgo reduciendo el tamaño del proyecto y haciendo entregas parciales en periodos cortos, de forma que, al término de cada periodo, se reevalúa la situación y se toman decisiones para el siguiente periodo de trabajo.

Ninguna de las dos aproximaciones es totalmente buena ni mala. La escuela predictiva lleva casi cien años permitiendo que tengamos puentes, rascacielos y transatlánticos, mientras que la escuela agilista es más adecuada para entornos de gran incertidumbre, como el desarrollo de software.

Scrum es una metodología, en palabras de sus creadores, "fácil de entender, pero muy difícil de aplicar". No son más que un puñado de

Cap. 1. Define una estrategia de cobro

principios y directrices, pero su aplicación puede ser tan subjetiva, que es necesario tener un tipo de profesional dedicado exclusivamente a velar porque esas normas se apliquen de forma correcta, denominado "Scrum Master". Los cursos para conseguir esa acreditación suelen durar de dos a cuatro días, en función de si se dan de forma intensiva o a media jornada y están muy demandados.

Como te puedes imaginar, en un curso de duración tan corta la asistencia es fundamental. Cuando un curso dura dieciséis horas, no puedes saltarte cuatro y pretender que has aprendido todo lo importante. Un sólo día de ausencia implica perder el 25% del contenido del curso.

Bueno, pues con este encargo me ocurrió que algunos de los alumnos querían asistir sólo una parte del curso. Aun así, exigían recibir la certificación completa, como si hubieran atendido a la totalidad. Puede parecerte que es un asunto menor y que es problema del cliente si aprovecha o no el contenido de los cursos que contrata, o incluso si asiste a su impartición. A fin de cuentas, es su dinero y, si te pagan, ¿qué más te da?

Al margen de las consideraciones éticas o personales sobre el aprovechamiento de la formación de empresas, lo cierto es que la concesión de este tipo de acreditaciones está sujeta a la superación de algunos requisitos especificados por el organismo que las emite: asistir a la totalidad de la acción formativa y superar una prueba de aprovechamiento al final. No te lo puedes saltar, porque si lo haces puede haber represalias comerciales, como que te retiren el permiso para impartir esos cursos. Esas organizaciones basan su negocio en el prestigio de su titulación y no se arriesgan a entrar en el modelo de "vender títulos" sin contenido.

Te explico esto para que entiendas que mi negativa a aceptar aquellas condiciones no fue que me pareciese mal lo que pretendía la empresa, que me lo parecía, sino que mi trabajo habitual estaba en riesgo si aceptaba el trapicheo. Por tanto, al segundo día me negué a seguir adelante en esos términos y expuse a la empresa de formación que había organizado el curso que era necesario señalar al cliente los requisitos que la empresa certificadora imponía para otorgar la acreditación final a los asistentes.

La respuesta me llegó al día siguiente, cuando me notificaron por correo electrónico que me cancelaban el contrato porque habían localizado otro formador que sí estaba dispuesto a seguir adelante en sus condiciones. No quiero detenerme en la decisión de la empresa, porque el mundo es gris. Seguro que me puedes contar treinta historias de terror semejantes, extraídas de tu propia experiencia.

El caso es que esa decisión me dejaba a mitad de semana sin trabajo. Cuando trabajas por objetivos tan cortos, como impartir cursos de pocos días, tienes mucha flexibilidad, pero esa flexibilidad tiene el límite del tiempo de reacción. En teoría, si me cortan un curso de cinco días a la segunda jornada, puedo buscar un trabajo de uno, dos o tres días para no desperdiciar por completo el tiempo que había reservado al contrato original. Estrategias así seguro que son posibles en tu propia actividad. Pero, como te digo, el límite está en la reacción; aprovechar los tres días colgados depende de que rápidamente encuentres un encargo de esas características, lo cual es bastante difícil.

Además, incluso en el improbable caso de que lo consiguiera, habría perdido el trabajo hecho los dos primeros días de la semana. Así que respondí diciendo que me parecía estupendo, que era opción del

Cap. 1. Define una estrategia de cobro

cliente exigir títulos sin cumplir con los requisitos y potestad de la empresa concederlo, pero que ese no era mi negocio y, mucho menos, no cobrar el trabajo que hago correctamente y que se cancela por un trapicheo entre gente ajena a mí. Así que les ofrecí, como solución de compromiso para resolver el problema rápidamente, que cobraba sólo las horas impartidas.

Se lo pensaron un poco y, a los pocos días, me dijeron que pasase la factura y que me la pagaban al mes siguiente. Así lo hice. Te puedes imaginar lo que pasó, ¿verdad? Llegó el mes siguiente, llegó la fecha de pago, pasó la fecha de pago y el dinero no llegó a la cuenta.

Cuando escribí a la responsable de formación, no me respondió. Insistí una vez más y me contestó alegando que el problema es que yo era un formador pésimo y que habían tenido que repetir el curso con otra persona, lo que justificaba que no me pagasen.

En ese momento saltó mi alarma de impago en la cabeza. Es como una especia de sentido arácnido que me deja claro que toda negociación es inútil, porque la otra parte no tiene una queja legítima, sino que sólo busca una excusa para salirse con la suya. De nuevo, seguro que no te descubro nada nuevo y que me puedes contar varios casos en los que has tenido una sensación similar.

Cuando un cliente te dice tan a las claras que no va a pagar, lo mejor es reaccionar con rapidez. Cuanto más tiempo tardes en poner las medidas en marcha, peor van a ir las cosas, porque son tu economía y tu liquidez las que se resienten.

Mi siguiente paso fue enviar un burofax, una carta con certificación oficial del contenido, en la que exponía un breve resumen de lo ocurrido y reclamaba el pago en el plazo de una semana. Si no recibía la transferencia en ese plazo, iniciaba las acciones judiciales para su reclamación contenciosa.

Pasaron los siete días de la semana y no tuve ninguna respuesta. Bueno, sí que la tuve. La responsable de formación me llamó por teléfono y me dijo que "jamás en la vida te vamos a pagar ni un euro".

El siguiente paso consistió en esperar una semana tras haber vencido el plazo concedido y presentar una demanda monitoria ante los juzgados de lo civil. Una demanda monitoria no es en realidad una demanda judicial, porque no tiene el desarrollo de un juicio ni se le pide a un juez que resuelva una controversia. Es más bien una herramienta de ejecución de deudas.

Si alguien te debe algo y cumple las condiciones de que es una deuda vencida (ya ha pasado la fecha de cobro), líquida (consiste en un pago de dinero) y exigible (se han cumplido las condiciones para reclamarla), entonces puedes acudir al juzgado para que éste reclame el pago a la empresa.

No es una orden de ejecución. El juzgado no IMPONE el pago al demandado, sino que le requiere a que lo haga. La parte demandada puede hacer tres cosas: pagar, en cuyo caso se acaba el procedimiento, no pagar, en cuyo caso se transforma en otro tipo de juicio, o ignorar la reclamación, en cuyo caso el juzgado sí que inicia la ejecución forzosa mediante embargo de bienes.

No te preocupes, que ya lo veremos con detalle más adelante. Ahora sólo quería que entendieras por qué di dicho paso (y por qué debes darlo tú). La demanda monitoria es una especie de "última oportunidad" amistosa, antes de entrar en el juicio de verdad.

Cap. 1. Define una estrategia de cobro

En el caso que te cuento, la empresa de formación se opuso a la reclamación, alegando lo que ya habían dicho: que yo era muy mal profesional y que no pensaban pagar nada.

Inmediatamente respondí a ese escrito de oposición, presentando el contrato, el presupuesto, la orden de trabajo, las hojas de firma de los asistentes cada día, los mensajes intercambiados con la responsable de formación (incluido ese en el que se comprometía a pagarme lo que pedí) y varios mensajes que me mandaron varios alumnos, preguntándome la razón de haber cancelado el curso, porque ellos no lo entendían y no les habían dado explicaciones.

Es decir, acredité que todos los puntos del escrito de oposición eran falsos.

A las tres semanas recibí la sentencia del juzgado, en la que me notificaban que el centro de formación se había allanado (aceptaban la reclamación) y que se les condenaba a pagarme el importe de la factura, los intereses y las costas por mala fe procesal. La transferencia llegó a los dos días.

En total, desde que inicié la reclamación con el primer correo electrónico hasta que cobré, transcurrieron cinco meses y medio y no tuve que pagar ni un euro en tasas procesales, abogados, procuradores o cualquier otro gasto de reclamación. Tan sólo los poco menos de treinta euros que costó el burofax, que recuperé con la sentencia en costas.

Gestión de riesgos

Lo que te acabo de describir es la aplicación de un plan de respuesta al riesgo de un impago de factura, cuando el cliente demuestra que no tiene voluntad de pagar sin una razón válida que se pueda negociar. Parece una idea sencilla, aunque sea un poco larga, pero creo que merece la pena que nos detengamos un poco en ella, porque la gran pregunta que te planteas es: "no me han pagado la factura que esperaba cobrar ayer, y ahora ¿qué hago?"

Lo primero que tienes que entender es la diferencia entre una gestión planificada y una gestión reactiva. La propia denominación nos indica la diferencia: en la planificada tratas de definir por adelantado lo que vas a hacer y en la reactiva reaccionas a los acontecimientos. Es lo que normalmente se llama "apagar fuegos". Si no tienes un plan, lo que estás haciendo ahora mismo es apagar fuegos.

Si tu respuesta es que eso le pasa a todo el mundo y que no tienes una, sino decenas de facturas pendientes de cobro, no es que haga calor porque el verano aprieta, sino que tienes decenas de incendios en la puerta y te engañas pensando que echando cubos de agua no va a arder tu casa. Ese incendio se llama "quiebra" y se produce cuando no apagas de inmediato los pequeños fuegos que van surgiendo.

El error que tiene casi todo el mundo sobre la planificación consiste en pensar que se trata de elaborar un plan detallado de qué vas a hacer, cuando se presenta el riesgo. Si no me pagan, hago esto y luego esto y luego lo otro, siguiendo, paso a paso, un plan predefinido. Así no es como funciona. Puede que te parezca confuso, pero déjame que te haga una apreciación.

La gestión de riesgos no consiste en identificar por adelantado todo lo que puede ocurrir y definir planes de acción detallados, sino en identificar qué puede ocurrir y cuáles son las directrices que te permitirán afrontar ese riesgo. Es muy distinto establecer una directriz, que

Cap. 1. Define una estrategia de cobro

es una idea genérica, a diseñar un procedimiento, que es una actividad detallada. La directriz es flexible, se puede adaptar a las circunstancias. El procedimiento es rígido; si la realidad se aparta de lo previsto, no sirve para nada. La diferencia, para entendernos, podría ser un plan de evacuación de incendios para un edificio de oficinas en el que dijese, para cualquier despacho: "levántese, póngase una toalla húmeda en la cabeza, diríjase a puerta frente a usted y gire el picaporte que hay a su derecha para abrir y salir de la habitación". Es un procedimiento detallado. No sirve para nada y es imposible de aplicar. ¿Y si no hay toallas en la habitación? ¿Y si hay toallas, pero no hay agua? ¿Y si la puerta está a la izquierda o detrás? ¿Y si en vez de un picaporte de giro es de manilla? Te parecerán detalles tontos, porque es un ejemplo sencillo para entender el concepto, pero creo que se puede entender que cuanto más detallado sea un plan, más fácil será que la realidad se aparte de lo que has diseñado por adelantado. ¿Cómo habría que hacerlo correctamente?

"En caso de incendio, trate de seguir las siguientes medidas:

* No pierda la calma y procure desplazarse a nivel del suelo para evitar la asfixia por inhalación de humos.

* Si dispone de ella, póngase una prenda de ropa húmeda en la cabeza, tapando las vías respiratorias.

* Diríjase inmediatamente a la puerta más cercana y, tanteando la misma con la mano para comprobar que no está caliente y, por tanto, pudiera haber fuego al otro lado, ábrala y trate de seguir las vías de evacuación indicadas en este procedimiento."

¿Ves la diferencia? No te da pasos concretos, sino directrices de actuación que puedes adaptar perfectamente a cualquier circunstancia.

No es posible, por adelantado, definir procedimientos precisos para enfrentarse a los riesgos, excepto en entornos muy controlados, donde todas las variables sean conocidas con antelación. En la cabina de un avión, donde los controles están al alcance de la mano y se dispone de información obtenida a base de innumerables simulaciones y experiencias, sí es posible hacer procedimientos concretos. ¿Qué haces si falla el motor de estribor? Primero, cortas el flujo de combustible. Segundo, compruebas que no hay un incendio. Tercero, aumentas la potencia en el motor de babor. Cuarto, compensas el timón. Y así sucesivamente.

Da igual si el procedimiento que acabo de describir es correcto o no, que no lo es. Es un ejemplo para que entiendas que los planes de respuesta detallados sólo son posibles en entornos muy controlados. En entornos libres, como puede ser la relación comercial entre empresas o huir de un edificio en llamas, no controlas lo que pasa a tu alrededor, lo que pueden hacer otras partes ni el número de variables y eventos que ocurren, por lo que la elaboración de dichos planes es una pérdida de tiempo. En este tipo de entornos, lo que necesitas es un conjunto de directrices, que es lo que debe ser tu plan de respuesta al riesgo de impago.

Por tanto, un plan de respuesta al riesgo de que no te paguen no puede ser una secuencia de plantillas predefinidas en las que sólo tienes que sustituir los espacios vacíos por las fechas, cantidades y nombres que correspondan a la factura que quieres reclamar, sino una directriz que, adaptándola a cada caso que se presente, te permita seguir una dirección que lleve al éxito. En este caso, cobrar lo que te deben. Si insisto en todo esto es porque quiero dejarte claro que lo que vas a aprender aquí no es a rellenar plantillas, sino a desarrollar tu propio criterio, tu propio plan de respuesta, ofreciéndote como referencia un método que funciona, pero que tienes que adaptar a tu situación. Este tema me parece tan importante que quiero que le dediquemos unos minutos más.

Un ejemplo de gestión de riesgos

La gestión de riesgos se alimenta de muchas fuentes. Una de las más importantes es la experiencia. "Riesgo" no es lo desconocido, sino aquello que puede entorpecer o dificultar tus objetivos. Por tanto, es posible, hasta cierto punto, hacer una lista de aquellas eventualidades que pueden dar problemas. Por ejemplo, que un suministro llegue tarde, puede "entorpecer" la ejecución de un contrato. La gestión de ese riesgo consiste en definir y documentar una directriz para que, si falla ese suministro, nadie entre en pánico, todo el mundo mantenga la calma y apliques una respuesta adecuada, que te permita mantener el negocio en funcionamiento.

La regla puede ser tan sencilla como *"si se produce un retraso de suministros, solicito un informe del estado del pedido al proveedor; si dicho informe no garantiza la entrega en un plazo máximo de veinticuatro horas, primero informo al cliente final de la situación, advirtiendo que ya estoy buscando soluciones; segundo, hago un nuevo pedido a un proveedor alternativo, aplicando el margen comercial a aquellas medidas, como envíos urgentes, que me permitan acortar el plazo de entrega"*.

Lo que nos dice esta directriz no es qué dirección de correo electrónico hay que usar o a qué proveedor hay que dirigirse, sino la serie de pasos que hay que dar para minimizar el impacto de la incidencia.

¿Ves la diferencia? Una directriz es genérica, una orientación que te dice a dónde dirigirte, pero te permite tomar decisiones en el momento. No es que tengas que llamar a un proveedor concreto, anotado veinte meses antes en una hoja de papel, sino que tienes que localizar "un" proveedor disponible para atender el pedido de respaldo en este momento.

Lo importante es que el plan te permite reaccionar con rapidez, sabiendo qué es lo que tienes que hacer, porque ya lo pensaste cuando evaluaste el riesgo e hiciste tu plan de respuesta; ahora no dudas, sólo haces lo que planificaste en el pasado. Ha sido una faena que te dejen colgado el pedido, pero no pierdas el tiempo y busca en seguida un proveedor alternativo, porque eso fue lo que, cuando hiciste el plan de respuesta, consideraste que era la mejor solución.

Incumplir una fecha de entrega con un cliente, puede dar lugar a graves problemas de confianza. Por tanto, es mejor perder, para esa operación en concreto, el margen comercial que perjudicar la relación con el cliente. Reaccionas, resuelves el problema y salvas la continuidad de negocio para recuperar las ganancias en sucesivas operaciones. Cuando el problema se presenta no te agobias ni pierdes el tiempo en sopesar lo que pasa; sólo sigues el plan.

No tienes que estar de acuerdo con esta política. No la he puesto como ejemplo de lo que hay que hacer, sino como ejemplo de lo que puede ser una directriz de gestión de riesgos comerciales.

Cuando te han fallado dos veces en la entrega de un pedido a tiempo, tu sistema de gestión debería incluir procedimientos para incorporar esa experiencia a tu conocimiento adquirido, lo que se denominan "recursos corporativos" o *"corporate assests"*. De esa forma conviertes la experiencia en conocimiento experto y desarrollas procedimientos, métodos y estrategias para hacer frente a posibles incidencias futuras de la misma naturaleza. Dicho en plata, has aprendido de la experiencia y la gestión de tu negocio es ahora más robusta por haberlo hecho así.

Alguien podría decirme que esto suena muy bien, pero que las cosas no pueden resolverse siempre como planeaste, porque pueden surgir imprevistos o circunstancias que no habías valorado. La respuesta es que para eso existen los marcos y procesos de mejora continua, como CMMI. Si el plan de gestión de riesgos que hiciste no te resuelve el problema, es que no sirve. Habrá tenido la utilidad de que consigas una certificación ISO 9001 o algo parecido, pero no vale para lo esencial, que es proteger tu negocio.

En cuanto detectas el más mínimo signo de que las cosas no funcionan, defines una nueva regla y, cuando hayas superado la crisis, revisas el procedimiento para enriquecerlo con la nueva experiencia adquirida. La siguiente vez que ocurra lo mismo, si ocurre, tu respuesta sea cada vez mejor, más eficaz, más ágil. Eso es una gestión profesional y efectiva del negocio.

Si trasladamos esta idea a la gestión de cobros, tu vida profesional se va a ver salpicada continuamente de este tipo de problemas. Lo que tienes que hacer no es tratar cada uno de los impagos que surjan de forma individual, reaccionando a lo que pasa a tu alrededor y "apagando fuegos". La segunda vez que tienes un impago te detienes un momento y adoptas la siguiente actitud mental: "un momento, parece que esto puede pasar de vez en cuando. No puede ser que, cada vez que surja un problema de este tipo, me quede bloqueado y no sepa qué hacer. ¿Qué podría hacer para minimizar el impacto, evitar que ponga en riesgo el negocio y maximizar las posibilidades de cobrar lo que me deben lo antes posible?" Esa es la actitud mental correcta.

En ese momento reúnes ideas que se te pueden ocurrir a ti mismo, a la gente que trabaja contigo, a tu pareja, a tu familia, a tu abogado, a tu asesor fiscal o que sacas de artículos y libros como éste. Da igual. Es una tormenta de ideas a partir de la cual tienes que definir las directrices que vas a seguir, desde ese momento, para dirigir tu reacción cuando surja un impago.

Este libro es exactamente eso: un plan de respuesta para la gestión de impagos en determinadas circunstancias: que el trabajo se haya hecho correctamente, que la deuda sea inferior a 2.000 € y que tú seas el titular de la misma, bien a título personal o como administrador de una empresa.

Cómo vencer el miedo a reclamar

El primer paso de ese plan es tomar la decisión de reclamar la factura. En mi experiencia, el problema que tiene casi todo el mundo para cobrar facturas es vencer el miedo a reclamar. Es algo de lo que ya te he hablado en la introducción de este capítulo: parece que hay una falsa dicotomía entre cobrar y mantener el cliente, de forma que, si haces lo uno, no puedes hacer lo otro. Y no tiene por qué ser así.

Para entender el problema de fondo, podemos recurrir al clásico ejemplo de qué pasa cuando metes una rana en un cazo de agua hirviendo. La respuesta es que la rana salta inmediatamente para salvar la vida. Pero, ¿y si en vez de usar un cazo de agua hirviendo, metes a la rana en un cazo de agua tibia y la vas calentando poco a poco? Sorprendentemente, la rana se queda quieta, ignora el progresivo calentamiento del agua y termina muriendo. Eso mismo es lo que te pasa a ti cuando vas acumulando facturas impagadas.

Si un cliente se acerca y te dice: "mira, necesito que me prestes servicios durante seis meses por valor de 180.000 €, pero no te los voy a pagar" saltas inmediatamente y dices que no te interesa. El agua quema. Pero si ese mismo cliente te pide primero servicios por 1.500 €, luego por 800, luego por 2.300 y así sucesivamente, pero no te paga ninguna de las facturas, tú vas aguantando. Piensas que en algún momento del futuro cambiará la tendencia y te pagará, que puedes tolerar los retrasos. El agua está templada y crees que puedes aguantar.

Cuando te quieres dar cuenta, la deuda supera los 50.000 o 100.000 €, tienes graves problemas de liquidez y te mueres empresarialmente, porque el agua está hirviendo.

Tu miedo es que, si reclamas, vas a perder el cliente, porque se genera una situación incómoda en la que parece que no le estás prestando el servicio adecuado o que eres conflictivo. Pero esa es una actitud mental completamente equivocada, porque parte de la premisa de que hay una jerarquía de compromisos en la que las obligaciones de una parte (la tuya) son más importantes que las obligaciones de la otra (el cliente). Y la realidad es que ambas obligaciones son importantes.

Esto tiene un nombre en Derecho y se llama "mala fe contractual". Consiste en que alguien pretenda obtener un beneficio exagerado o asimétrico, mediante la imposición de condiciones abusivas. Si el cliente pretende imponer una relación comercial en la que tú estás obligado a atender los pedidos, pero él no está obligado a pagarlos en la fecha y forma convenidas, hay mala fe contractual. Que tú lo aceptes sólo sirve para crear una relación de negocios en la que te irás "cociendo" en deuda acumulada, hasta que la situación sea tan crítica que no puedas aguantar más y debas ir a la quiebra. Al cliente le va a dar igual, porque ya se buscará otro proveedor que tendrá exactamente la misma actitud mental de miedo que tú.

¿Todos los impagos son de mala fe? No, no siempre. Hay ocasiones en las que el cliente no tiene liquidez porque él mismo puede ser víctima de circunstancias que no controlaba o porque lleva la misma mala política de cobros que llevas tú. Pero eso no puede hacer que te sientas responsable de sus decisiones y permitas que te arrastre con él. Tu primera responsabilidad es con tu propio negocio, no con el suyo, porque tu hogar, el de tus empleados (si los tienes) y los negocios de otros muchos clientes dependen de que tu empresa siga funcionando.

Por tanto, abandona el conformismo de que "todo el mundo lo hace así" y empieza por tomar decisiones que definan una política de cobros que garantice, ante todo, la continuidad de tu empresa. Eso quiere decir que, cuando te sientes a negociar un contrato, debes dejar claras las condiciones de pago sin excepciones. Eso no es ser borde ni desagradable, sino ser un buen gestor.

Decía Cervantes, en sus Novelas Ejemplares: "quien no se pone en su sitio el primer día, no lo consigue en la vida". Como permitas que se empiecen a acumular facturas impagadas, te va a ser muy difícil romper esa dinámica, porque el cliente pensará que "lo normal" es que haya cierto retraso en el pago. Si al principio lo toleras, el día que dejes de hacerlo se creará el conflicto. Y no será culpa del cliente, sino

Cap. 1. Define una estrategia de cobro

tuya por haber permitido que se llegue a esa situación. Como administrador, tienes que encontrar un equilibrio entre flexibilidad para afrontar la realidad y rotundidad para atajar los problemas.

Una vez que tienes claro que cobrar a tiempo no es una descortesía por tu parte, sino algo intrínseco a la relación comercial, llega el momento de decidir cuándo cobrar una factura vencida. Eso es algo que no tenía que haber ocurrido, pero, como te decía hace un rato, ahora no quiero hablar de lo que "podía" haber pasado, sino de lo que está pasando. Y si tienes este libro en las manos, es porque te deben dinero y quieres cobrarlo. ¿Cuánto tiempo esperas para hacerlo?

La respuesta es sencilla: cuanto antes, mejor. Hoy. Esta tarde. En cuanto dejes de leer o lo que tengas entre manos y puedas dedicarle un momento. No hay ninguna duda sobre cuándo tienes que poner freno al agujero de liquidez que te está provocando la falta de cobro de las facturas. Incluso si no es crítico en tu tesorería, acabo de demostrarte que esa situación sólo sirve para crear un marco que sólo puede empeorar. Acumular facturas impagadas NUNCA es una buena política comercial, en ningún grado ni escenario.

Otra cosa es cómo reclamar ese pago. Ahora puede que estés agobiado porque de repente te has dado cuenta que el agua está hirviendo y te vas a cocer en la falta de liquidez. Pero lo que tampoco tienes que hacer es entrar en pánico. Una gestión adecuada de cobros es aquella que te permite conseguir tu dinero y mantener al cliente, no asustarle o crear una situación tan desagradable que se le quiten las ganas de volver a tratar contigo.

No hay que tener miedo a cobrar ni a perder a un cliente que va de mala fe, pero tampoco hay que ir matando las relaciones comerciales a lo loco. Yo no te voy a recomendar que inicies inmediatamente una acción judicial para reclamar los pagos pendientes, sino que inicies un procedimiento progresivo de negociación en el que cada paso te acerque a recibir el pago que tienes pendiente. Vamos a ver cómo.

La estrategia

Ha ocurrido. Tienes una factura de 1.800 € pendiente de cobro que no ves cómo recuperar. Por más que llamas o que intentas que te la paguen, no consigues nada. ¿Cómo afrontas el problema?

El método que te voy a contar aquí, el mismo que has visto poner en práctica con el ejemplo que he puesto al principio de este capítulo, es un sistema de negociación progresiva. El objetivo es múltiple.

En primer lugar, tienes que averiguar si el impago es de mala fe o una incidencia que también está afectando a tu cliente. Por eso no empiezas con una amenaza de demanda, sino que tratas de averiguar qué está pasando.

En segundo lugar, no puedes perder más tiempo. El método es suave, pero firme, lo que quiere decir que vas a marcarte unos tiempos que no puedes superar, porque la propia supervivencia de tu empresa depende de que así sea.

En tercer lugar, debes documentar todo lo que hagas. Si llega el momento de tener que interponer una demanda monitoria y, posteriormente, acudir al juicio verbal, es tremendamente importante que puedas acreditar ante el juez todo lo que ha pasado. En especial, que has hecho todo lo posible para encontrar una solución amistosa al conflicto y que es incontestable que te deben el dinero y que la deuda está vencida.

Cap. 1. Define una estrategia de cobro

En cuarto lugar, tienes que ser sistemático. Eres profesional, pero también eres un ser humano. La angustia de tener una deuda pendiente de cobro y que, al mismo tiempo, empieces a tener problemas por no poder atender tus propias obligaciones, puede afectar a tu tranquilidad y a la estabilidad de tu hogar. Puedes dejar la factura en la oficina, pero te llevas la angustia a casa. Una forma muy eficaz de atajar el estrés y la angustia es tener conciencia de a dónde vas, un plan que te ofrezca una guía y unas referencias en las que apoyarte, para que no tengas la sensación de que pasa el tiempo y no avanzas.

Siguiendo un plan no te encontrarás perdido, sino que te dirás a ti mismo: "hoy es miércoles, el requerimiento se puso el viernes pasado y si este viernes no tengo respuesta, ya sé el siguiente paso que voy a dar". Antoine de Saint-Exupéry, el autor de El Principito, dijo: "El mundo entero se aparta ante un hombre que sabe a dónde va". Esta idea es válida ante cualquier desafío. Si ante un problema serio, como tener facturas pendientes de cobro, no tienes un plan y no sabes a dónde vas, el mundo se hunde ante ti. Pero si tienes un plan concreto, el camino sigue firme ante ti.

Ajustándonos a estos requisitos, el plan de cobro de facturas impagadas que te propongo consta de tres fases:

* Requerimiento extrajudicial, que es el conjunto de medidas de buena fe que tomas para descubrir qué está pasando e intentar cobrar "por las buenas", pero con un límite de tiempo.

* Demanda monitoria, que, aunque suene muy agresivo, no es más que un requerimiento de pago hecho a través de la autoridad de un juzgado. Sirve para dar una última oportunidad al cliente para pagar

sin consecuencias desagradables y que sepa que tienes la determinación de cobrar.

* Juicio verbal, que es el último recurso para conseguir el dinero. Ya sabes que lo más probable es que pierdas el cliente, pero si has llegado hasta este punto sólo hay dos opciones: o no tiene dinero, y más te vale no entrar en la masa de acreedores que acuda al procedimiento de quiebra, o sí lo tiene y no quiere pagar. En este caso, no debe importarte perder el cliente. Los negocios se hacen para ganar dinero, no para tener problemas.

En los próximos capítulos vamos a ir, paso por paso, viendo cómo poner en práctica cada una de estas fases hasta conseguir que cobres la factura pendiente. Hablo de "la" factura, porque como todo en esta vida es mejor que aprendas con un solo caso y, cuando compruebes que funciona y que lo has entendido todo, entonces lo apliques al resto de problemas similares que tengas. Si en este momento tienes más de tres facturas pendientes de pago, no te recomiendo que apliques este método de golpe a todas ellas. Escoge tres que cumplan los siguientes requisitos: que sean por una cantidad intermedia (en torno a 900 €), que creas que hay alguna posibilidad de cobrarlas y que sean de morosos distintos.

No pongas nunca todos los huevos en la misma cesta. Si sigues los pasos que voy a decirte, es muy probable que cobres en menos de un mes alguna de ellas. En ese momento, coges otra factura impagada y empiezas el mismo proceso. Al final del libro volveré a comentarte algunas ideas sobre este tema pero, por ahora, creo que se entiende lo que quiero decir: ensaya un par de veces para ver cómo ajustar el método a tu propia personalidad, mercado y circunstancias y, cuando hayas verificado que te funciona, aplícalo de forma progresiva al resto de deudas pendientes hasta que las hayas resuelto todas.

En cualquier punto del proceso es posible que la otra parte acepte tus pretensiones y termine pagando. No es necesario llegar hasta el final. A lo mejor tienes suerte y te paga al primer requerimiento escrito. Si es así, enhorabuena. Es mucho mejor que no tengas que recurrir nunca al procedimiento judicial. Pero si no es así, entonces es mejor que sepas cómo van a terminar las cosas.

En el último capítulo también te comentaré una serie de medidas y buenas prácticas que puedes poner en marcha para evitar que se repita esta situación. De momento, vamos a empezar con el requerimiento extrajudicial.

En resumen...

En este capítulo he querido plantear un escenario que afecta a muchos profesionales y empresarios: el perjuicio que causa la acumulación de facturas impagadas, bien por una mala política de cobro o por una mal entendida relación comercial con los clientes.

Para responder a esa situación, en este libro te presento un plan de gestión de cobros de acuerdo a las siguientes directrices:

* Ante todo, reclamar una factura impagada no es traicionar al cliente ni ser un proveedor conflictivo, es una actividad que debes realizar con diligencia, porque de ello depende la supervivencia de tu empresa.

* La gestión de riesgos no consiste en reaccionar a los problemas con rapidez o tratar de adivinar todo lo que va a pasar, sino planificar por adelantado una estrategia para que, cuando surja un obstáculo, sepas qué hacer.

* En el caso de reclamar una factura impagada, ese plan consiste en una sucesión progresiva, en la que primero intentas la resolución amistosa para salvar la relación comercial. Siempre puede ocurrir que el deudor tenga problemas reales o que haya sido un retraso puntual.

* Cuando la deuda es de menos de 2.000 €, has prestado el servicio o realizado el trabajo por completo y la deuda es líquida (de dinero), es posible acudir por uno mismo, sin abogado ni procurador, a un procedimiento de juicio verbal que permite reclamar la deuda.

* No obstante, aunque ese recurso existe, es mejor intentar antes la negociación amistosa, bien mediante una negociación extrajudicial o mediante un procedimiento monitorio, que son soluciones sin coste y sin consecuencias jurídicas.

En el siguiente capítulo vamos a ver cómo dar el primer paso en el proceso de cobro de la factura impagada, que es el requerimiento extrajudicial.

Capítulo 2
El requerimiento extrajudicial

El primer paso que debes dar para cobrar una factura impagada es el requerimiento extrajudicial, que es un primer intento de resolver las cosas de forma amistosa. "Amistosa" no quiere decir que sea una fiesta entre amigos, sino que se trata de un acercamiento de buena fe para averiguar qué es lo que está pasando y determinar cuáles son los siguientes pasos.

El requerimiento en realidad no es uno, sino tres, que vas mandando de forma progresiva y espaciada en el tiempo, para dar margen a que el deudor te responda. Vamos a ver cuáles son los objetivos de este paso, y qué es lo que perseguimos realmente. Eso es lo que dirigirá tu acción, más allá de usar una u otra plantilla de texto para mandar el mensaje.

Objetivos del requerimiento

Cuando se diseña un proceso, una de las cosas más importantes es tener claro cuál es su objetivo. En este caso, el primer paso para cobrar tu factura es hacer un requerimiento, pero ¿en qué consiste? ¿Cómo se hace? ¿Qué hay que decir? ¿Cómo lo mandas? Y, lo más importante, ¿para qué lo haces?

El objetivo del requerimiento extrajudicial es triple: averiguar qué está pasando, ofrecer una oportunidad de resolver el asunto de forma amistosa y, si no lo consigues, crear las evidencias suficientes para no retrasar la reclamación judicial y que ésta tenga las mejores posibilidades de éxito.

Para conseguir esto vas a mandar tres mensajes:

* En el primero informas al deudor de que se ha producido un retraso y le pides que te confirme si ha habido algún problema con el pago.

* En el segundo, reiteras que aún no se ha producido el pago y le pides que, por favor, te informe de lo que está pasando, por si se puede resolver de forma amistosa.

* En el tercero, avisas de que su conducta tiene un aspecto sospechoso, que te hace pensar que puede haber problemas con el cobro, por lo que, antes de dar cualquier otro paso, quieres asegurarte de que no hay ninguna forma de resolver el asunto de forma amistosa.

Como verás, es un proceso progresivo por el que vas pidiendo amablemente que se resuelva el impago lo antes posible. Por eso se envían los mensajes con una separación de una semana, aproximadamente. Es un tiempo suficiente para que la otra parte pueda responder pero, en su conjunto, toda la fase de requerimiento no lleva más de un mes. De esa forma, si al terminar no has conseguido cobrar, no habrá pasado demasiado tiempo y evitarás que la situación pueda perjudicar más tu tesorería.

Un objetivo secundario es "crear evidencias". Este objetivo intenta resolver un problema muy habitual, que es la ausencia por completo de pruebas de que hayas pedido nunca que te paguen la factura. Mucha gente llega a la fase judicial alegando que no le han querido pagar pero, cuando se trata de demostrarlo, lo único que puede decir es que "he llamado veinte veces por teléfono". Pues al juez le parece muy bien, pero, si no tienes pruebas, eso no ha ocurrido. Y no es porque el juez no te crea, sino porque por su sala pasan todas las semanas decenas de personas, cada una contando una historia.

El juez no te conoce, no sabe quién eres. Y, es más, no le importa. Sólo sabe que le ha caído por reparto tu demanda, que hay una parte que dice que no le han pagado, la otra que no tiene por qué pagar y que no entiende muy bien dónde está el problema. El juez no tiene que resolver sólo tu caso, sino decenas o cientos que tiene acumulados, en los que todo el mundo miente, exagera, cuenta historias y dice cosas contradictorias. ¿Qué motivos tiene el juez para creer que has llamado veinte veces?

Pero, fíjate cómo cambia la cosa si te presentas ante el juez con tres mensajes, cada uno con su fecha, al tiempo que dices: "señoría, le requerí en tal, tal y tal fecha, mediante correo electrónico primero y por último por burofax y no he conseguido ninguna respuesta positiva". ¿A que es muy diferente?

Los dos objetivos son compatibles. Crear evidencias de que has pedido que te paguen no tiene por qué ser desagradable. Si no te dan una solución, reiterar el mensaje no tiene tampoco nada de malo. Si aun así, no te pagan, mandar un aviso de que se inicia la fase judicial con la demanda monitoria es un último aviso, precisamente para evitarlo.

Primer requerimiento: email

El primer requerimiento es una comunicación, más o menos informal, en la que avisas al deudor de que no te ha llegado el pago, como estaba previsto, y le pides que te explique si ha habido algún problema. Es una comunicación totalmente cordial, que tienes que mandar lo antes posible, dejando un par de días de margen sobre la fecha de vencimiento. Lo vemos con un ejemplo:

Imagina que te tienen que pagar una factura de 1.200 € el día 25 de éste mes, mediante transferencia. Llega el día 25 y no aparece el dinero. ¿Qué tienes que hacer? Una gestión de cobros adecuada, como te decía en el capítulo anterior, es la que tiene previstos los riesgos y un proceso para responder a ellos de forma ordenada, sin pensar. Es algo así como un resorte que salta ante un evento inesperado, pero previsto.

La reclamación extrajudicial, este proceso que estás leyendo ahora mismo, tiene un "disparador" que es cualquier situación en la que un pago que esperabas se retrasa más de dos días laborales. Si eso ocurre no hay excepciones, no piensas, no tratas de decidir qué está pasando. Simplemente, mandas el primer mensaje, bien utilizando una plantilla o escribiéndolo desde cero. SIEMPRE inicias el procedimiento de reclamación amistosa, para que las cosas no se retrasen y no se te empiecen a acumular fuegos en el jardín sin que te des cuenta. Lo que tienes que hacer es eliminar la variabilidad. Eso quiere decir que no hay casos en los que mandas un mensaje y casos en los que no.

El motivo de hacer las cosas así es que tu negocio tiene que ser un sitio ordenado, en el que se aprenda de la experiencia y se afronten las cosas de manera metódica. Ese método es lo que te permitirá, de forma sistemática, mejorar la rentabilidad y competitividad de la empresa. La conducta de la empresa no puede variar en función de quién hace las cosas o qué opinión tienes ese día, sino que todo se hace siempre

Cap. 2. El requerimiento extrajudicial

de la misma forma. ¿Cuál es la ventaja de esta aproximación? La posibilidad de predecir el resultado, que se concreta en una mayor fiabilidad de la gestión. Esto es lo que se llama "gestión por procesos" que, traído a nuestro problema de cobrar una factura vencida, se traduce en: "en esta empresa, siempre que se retrasa el cobro de una factura, hacemos esto, esto y esto para garantizar las mejores posibilidades de cobro, con independencia de quién lo haga".

Eso quiere decir que, si tú un día no estás en la oficina y tienes que delegar en alguien durante un tiempo, por ejemplo, porque tienes que estar de baja médica o asistir a una feria profesional, la empresa sigue funcionando igual. Es la única forma de poder consolidar y hacer crecer un negocio.

Por tanto, ha pasado el día 25 y el dinero no llega. ¿Qué es lo que sucede? Tu primer y único objetivo tiene que ser controlar la situación lo antes posible y eso no consiste en cobrar, sino en averiguar qué está pasando. Un profesional, un administrador o un gestor no tiene que reaccionar por impulsos, sino tomar decisiones basadas en la información de que dispone. Y, si esta no es suficiente, debe obtener más. Si ha vencido el día de pago y no recibes el dinero, sencillamente no sabes qué ha pasado.

Cualquier llamada o mensaje que deje transpirar un reproche, un malestar o una queja pondrá en riesgo tu relación con el cliente, porque no sabes qué pasa. Si tiene un problema genuino, estarás añadiendo estrés y resentimiento a su situación, lo que perjudicará las relaciones a corto y largo plazo. Puede que se supere, pero la semilla ya está sembrada.

Así que tu primera acción tiene que ser mandar un mensaje breve y cordial, solicitando información sobre el pago pendiente. Un ejemplo podría ser el siguiente:

"Hola, Frank:

El pasado 25 de Enero vencía el pago de la factura ER-9912001Y6X, por importe de 1.200 €, y no hemos recibido el pago. Estoy seguro que no es nada importante, pero quería preguntarte si ha habido algún problema.

Un saludo y respóndeme lo antes posible, por favor."

La forma exacta depende de ti, de tu forma de ser y del grado de confianza que tengas con el cliente. Si eres un profesional independiente que trata todos los días con esta persona, puedes tener un tono directo y cordial, como el que he puesto en el mensaje de ejemplo. Si administras una pequeña empresa, como un aparcamiento con contratos mensuales, optarás por un estilo más formal, como por ejemplo:

"Estimado cliente:

El pasado día 25 venció el periodo regular de su contrato de alquiler de la plaza de garaje número Z302, por importe de 90 €, sin que hayamos recibido el pago. Seguros de que se trata de una incidencia sin relevancia, le agradecería que se pusiera en contacto conmigo a la mayor brevedad para estar informado de lo ocurrido y comentar la solución lo antes posible.

Entre tanto, reciba un cordial saludo."

El motivo de que insista tanto en que comprendas la finalidad de cada paso es que veas que lo importante es el fondo y no la forma. Las directrices aquí están claras y es con lo que te tienes que quedar:

Cap. 2. El requerimiento extrajudicial

* Primero. Sé cordial y NUNCA hagas amenazas ni muestres un tono de reproche. No sabes lo que pasa y sólo quieres información, así que no pongas la relación en peligro sobreactuando o dejándote llevar por los nervios.

* Segundo. Se preciso. Fíjate cómo, en los dos ejemplos, he incluido los datos concretos del pago que no se ha efectuado. En el primer caso, indicando el número de factura y su importe, y en el segundo el concepto del pago periódico que no se ha abonado. Esto es muy importante de cara a ese objetivo de "crear evidencias", que, posteriormente y si fuera necesario, te ayudarán a acreditar todo lo que ha ocurrido.

* Tercero. Se breve. No cuentes historias, no desarrolles teorías, no hagas referencia a situaciones anteriores ni te pongas en lugar de la otra persona, proponiendo tú mismo excusas para justificar lo que pasa. "Oye, no me ha llegado. ¿Me puedes decir si ha pasado algo?" Ya está, nada más. Todo lo que añadas quitará claridad al mensaje y hará más difícil, si tiene que examinarlo un juez o un abogado, que una persona ajena entienda la secuencia de hechos.

* Cuarto. Hazlo POR ESCRITO. No me importa lo amigo que seas de la persona responsable de ese pago. Un objetivo secundario, pero importante, es crear evidencias de lo ocurrido. Hay un refrán español muy acertado que dice: "las palabras se las lleva el viento". Un mensaje breve por correo electrónico queda registrado en el buzón y siempre se puede buscar con posterioridad.

* Quinto. Propón una acción inmediata de resolución. Sin perder el tono cordial, incluye al final una propuesta de acción para que te responda lo antes posible. No digas "respóndeme cuando puedas", sino "en una semana", "lo antes posible". Lo que sea, pero respóndeme.

Si algo he aprendido a lo largo de estos años es que una de las cosas que crean mayor malestar en este tipo de situaciones es la falta de información. Como acreedor, como empresario al que le deben dinero, no saber lo que pasa, que transcurran los días sin recibir el dinero o una explicación, es lo que va a hacer que te subas por las paredes y tomes malas decisiones. Así que esta fase del proceso sirve, sobre todo, para atajar ese problema.

Una vez que hayas mandado este mensaje, pueden ocurrir dos cosas:

* Que te respondan dando una explicación y ofreciendo una solución. Si es así, asunto resuelto. El problema se ha superado y no has tenido que preocuparte por nada.

* Que no te responda o que no te den una solución. En este caso, lo que ocurre es que este primer paso ha dado como resultado una falta de información (sigues sin saber lo que pasa) o una solución no satisfactoria (no has cobrado). Cualquiera de estas dos circunstancias constituye el disparador del siguiente paso en el proceso: el segundo requerimiento extrajudicial.

Segundo requerimiento: email

Si con el primer requerimiento no te pagan, no recibes una respuesta adecuada o no te contestan, ha llegado el momento de mandar

Cap. 2. El requerimiento extrajudicial

un segundo requerimiento. Igual que antes, cualquiera de esas circunstancias "dispara" el proceso de mandar este mensaje, que tiene que ser algo casi automático y ajustado a un calendario predefinido. Mi sugerencia es que dejes pasar una semana entre el primer y segundo requerimiento.

El objetivo del segundo requerimiento es confirmar la situación de impago. No se trata de negociar, compartir el problema de tu cliente, dilatar el periodo de pago ni nada por el estilo. Siempre tienes que pensar como una gran empresa, por lo que debes preguntarte: "¿qué haría la compañía de electricidad en este caso?" Si te mandan un recibo y lo devuelves, lo más normal es que te llegue un breve mensaje a tu correo electrónico, avisándote de la incidencia y pidiendo que liquides la deuda a la mayor brevedad. Normalmente son mensajes asépticos, fríos, en los que se limitan a exponer el problema y pedirte que lo resuelvas. Eso es lo que correspondería al paso anterior y seguro que has visto algún mensaje de este tipo. Si, pasados unos días, sigues sin pagar, te llegará un segundo aviso. Y seguro que la empresa no se pone a debatir contigo si estás mal, si te duele el pecho o si tus peces de colores tienen hongos. No. O pagas o te cortamos el suministro.

En general, vuelvo a insistir en la regla de que no hay que ser desagradable, pero una cosa es no ser desagradable y otra ser tonto o dejarte arrastrar a problemas que no son tuyos. Si tienes la tentación de caer en el idealismo de que "mi negocio es una gran familia", piensa que si es a ti al que le cortan la luz o le ejecutan la hipoteca, ningún cliente va a pagarla por ti. De nuevo, quien no se pone en su sitio el primer día, no lo consigue en la vida. La primera vez que tengas un impago debes dejar claras las reglas, porque si no la segunda, la tercera y la décima el plazo se irá alargando más y más, hasta que te encuentres con facturas pendientes de cobro de hace un año o más.

Para aplicar estas ideas, vamos a seguir con el ejemplo anterior: el día 25 debía llegarte el pago de una factura, pero no ha sido así. Un primer requerimiento por correo electrónico, en tono cordial y sólo para informarte, no ha dado resultado. Vamos a ver dos posibles situaciones: que no te contestan o que te contestan prometiendo el pago, pero que éste se retrasa de nuevo.

En el primer caso, que no te contestan, lo más probable es que la empresa o persona que te debe el dinero carece de liquidez. La razón de que no te contesten es que a nadie le gusta reconocer que está en una mala situación y, a menudo, se quedan estancados, esperando que un milagro salve la situación.

Como te decía un poco más arriba, la falta de transparencia en estos casos es muy perjudicial y hace que la gente reaccione mal. Por eso es por lo que debes tener un plan de respuesta, como el que estamos viendo; tener un guión te ayuda a mantener la calma porque sabes que vas a conseguir tu objetivo (cobrar) incluso si no te contestan.

El objetivo del segundo mensaje no es negociar, sino confirmar la situación de impago y averiguar qué pasa. Por tanto, un ejemplo de ese segundo mensaje podría ser así:

"Hola, Frank:

La semana pasada te escribí para interesarme por el pago pendiente de la factura ER-9912001Y6X, de 1.200 €. La fecha de pago

Cap. 2. El requerimiento extrajudicial

era el pasado día 25 y aún no hemos tenido noticias tuyas ni ha llegado el pago. Tampoco he recibido respuesta al mensaje anterior que te mandé el día 27, por lo que te agradecería que te pusieras en contacto cuanto antes para saber lo que está ocurriendo y resolver esta situación.

Un saludo y espero tus noticias."

Fíjate cómo se mantienen las directrices anteriores:

* Cordialidad. Nunca amenaces ni levantes el tono. Se trata de cobrar y seguir trabajando, no de cobrar y perder el cliente.

* Precisión. Vuelves a poner los datos de la deuda que reclamas. Esto se hace siempre para que nadie pueda decir "es que no sé a qué te refieres". No des pie a la excusa de "tengo que mirarlo en el mensaje anterior, pero no lo veo".

* Brevedad. No vas a ganar nada por extenderte y si esto llega a la instancia judicial, te interesa que sea lo más claro posible para que el juez lo entienda.

* Formato escrito. Las palabras se las lleva el viento. Ahora está claro que lleva una semana sin contestar. De otra forma, esa supuesta llamada no existe y partirías de cero.

* Con propuesta de acción. "Ponte en contacto." Es un exhorto, casi una orden. Cordial, pero firme. Esto no se va a tirar así tres meses.

En el segundo caso, que te contestan, pero no pagan o incumplen un compromiso de regularizar la deuda, es importante que no pierdas la calma y que no precipites un conflicto. Si la cosa se pone difícil vas a retrasar mucho la resolución del problema. Y una cosa es que tengas herramientas para afrontar esa reclamación a largo plazo y otra que sea buena idea retrasar el pago. A ti lo que te interesa es que te paguen lo antes posible y ahora estás en la fase de "voy a intentarlo por las buenas de todas las formas posibles."

Si la empresa o persona que te debe dinero incumple o no te ofrece una solución, sencillamente ignoras el contratiempo. Esta es una estrategia de gestión del conflicto muy poderosa que sale de los estudios de teoría de juegos y negociación. Si, cuando surge un problema, en seguida replicas de forma agresiva, te metes en una espiral de recriminaciones que no lleva a nada positivo.

La solución es ignorar siempre el primer contratiempo. La primera vez que te prometan hacer algo mañana, que te digan que te pagan sin duda en dos días, que ya está en camino, que hicieron la transferencia ayer y no entienden por qué no ha llegado o cualquier otra excusa que te imagines, sencillamente LO IGNORAS. Tu respuesta debe ser como si ese incumplimiento no hubiera existido.

De esta forma, rompes el posible círculo vicioso de recriminaciones y permites que haya una oportunidad de arreglo extrajudicial que conserve la relación comercial. Se otorga a Tomás Becket, Arzobispo de Canterbury en tiempos de Enrique II, la frase: "siempre se odia a quien se ha ofendido".

En el momento en que la parte que te debe dinero, aunque no tenga razón, tenga que admitir que lo ha hecho mal y no tenga una salida cordial, va a mantener el resentimiento toda la vida y terminará por cortar las relaciones comerciales contigo. Así que la solución es que "te hagas el tonto" y respondas casi como si no hubiera ocurrido nada. Por ejemplo, un mensaje podría ser así:

"Hola, Frank:

Cap. 2. El requerimiento extrajudicial

Hace unos días comentamos la situación de pago pendiente de la factura ER-9912001Y6X, de 1.200 €. En el mensaje que me mandaste comentabas que había sido un incidente involuntario y que estaría resuelto en un par de días. Sin embargo, no he visto aún que llegase la transferencia.

Estoy seguro que es algo que tiene solución y te ruego que me confirmes el momento en que puedas hacer esa transferencia. Un saludo."

Fíjate en cómo sigues manteniendo todas las directrices que te he mencionado antes: brevedad, concreción, cordialidad, propuesta de acción y comunicación escrita. Estás intentando resolver el problema y, al mismo tiempo, sembrar las evidencias que te permitirán dar el siguiente paso.

Si no tienes tanta familiaridad con el cliente, como en el ejemplo del alquiler de plazas de garaje, el mensaje puede ser más formal, pero siempre con el mismo planteamiento:

"*Estimado cliente:*

No hemos recibido contestación al anterior aviso de impago por la mensualidad de Junio, correspondiente a su contrato de alquiler de la plaza de garaje número Z302, por importe de 90 €.

Por este motivo, le pedimos que se ponga en contacto lo antes posible, aportando el comprobante de la transferencia o pago con tarjeta a través de nuestra página Web o aplicación móvil.

Un saludo."

Una vez que hayas mandado este segundo requerimiento, dejas pasar unos días de prudencia para que te respondan y poder alegar más tarde que no te has precipitado al tomar otras medidas. Pero si pasa una semana, por ejemplo, y no recibes el pago, es el momento de ponerse serios y hacer una reclamación contundente mediante un acto que no admita dudas sobre tu intención de cobrar: el requerimiento certificado.

Tercer requerimiento: burofax

Un burofax es una carta con características especiales. Si no la conoces, te diré que es un servicio que suelen tener casi todas las empresas de correo del mundo, consistente en ofrecer la certificación de que una carta se ha mandado en una fecha determinada, que el contenido está verificado y que hay un medio de acreditar si el destinatario la ha recibido. Esto, en un lenguaje un poco más técnico, corresponde a los siguientes requisitos:

* Certificación de contenido, la empresa de correos certifica que el contenido de la carta es el que dice el emisor, normalmente mediante una declaración jurada por parte de un empleado con autoridad que declara haber cotejado el contenido del original y la copia enviada y que, en efecto, ambas coinciden.

* Integridad, que supone la garantía de que la copia que tú conservas de la carta y la que recibió el destinatario son la misma, porque ambas incorporan algún elemento introducido por la empresa de correos, como una firma o un sello, que le convierte en testigo imparcial. En la actualidad, este elemento suele ser una firma electrónica que se agrega al fichero PDF que envías.

* Acuse de recibo, que consiste en otra certificación de que el destinatario, o un representante, recibieron y recogieron la carta en una

Cap. 2. El requerimiento extrajudicial

fecha y momento determinados. Esto suele hacerse mediante la firma en un formulario de entrega o una aplicación instalada en un móvil o tableta de empresa, que lleva el cartero consigo.

* No repudiación, que consiste en la imposibilidad de que el destinatario cuestione cualquiera de los datos anteriores. El servicio postal es una entidad independiente de vuestra controversia e imparcial. Su certificación del contenido, la entrega y la integridad de la carta no admiten réplica por parte del destinatario y son una prueba contundente de que lo que dices es cierto. Más adelante podrás aportarlo en el procedimiento judicial, si fuera necesario.

Cuando los intentos de averiguar lo que está pasando, mediante esos dos requerimientos anteriores que hemos visto, no funcionan, hay que lanzar un ultimátum que corresponde a la gravedad de que no te han pagado. Ya te he hablado de esto al principio del libro. Mucha gente parece que tiene miedo de dar el paso porque, si lo hace, es un proveedor conflictivo o pone en riesgo la relación comercial.

Tienes que recordar que, si hay una factura pendiente de pago, es porque tú has cumplido tu parte en primer lugar. El trabajo se ha hecho o el suministro se ha entregado; ha pasado el plazo pactado para el abono de ese concepto y no sólo no se ha hecho, sino que los intentos por resolverlo de forma amistosa no están funcionando. Así que tienes que darte cuenta de que es la otra parte la que está fallando y a la que no le importa quedar mal contigo. Antes estos signos de alerta, lo que tienes que hacer es proteger tu negocio e impedir que se enciendan fuegos en el jardín que terminen por rodear la casa y quemarlo todo. No permitas que una pequeña chispa en el césped se convierta en un incendio.

La finalidad de este tercer requerimiento es poner un horizonte claro a la posibilidad de una solución amistosa, después de la cual tendrás que recurrir a otros medios. Ya has recopilado la información que podías, ya has hecho los acercamientos cordiales que estaban en tu mano, ya has dejado un margen de tiempo para que respondan y te den una solución y nada de eso ha servido para que cobres, así que ha llegado el momento de ponerse serio: o me pagas en una semana o inicio la reclamación judicial.

El formato de esta carta es distinto a los anteriores. Ya no vas a mandar un breve mensaje de texto por correo electrónico, en un tono más o menos cercano, sino que envías un requerimiento formal, en burofax (o el servicio equivalente que haya en tu país o zona de residencia) con una petición clara. Un posible ejemplo sería el siguiente:

"De: Elisa Smith

Smith Enterprises Inc.

267 North Boulevard

Para: James Williamson

Acme Wedding Services Inc.

1202 Honeymoon Drive

28 de Mayo de 2021

Estimado Sr. Williamson:

El pasado 25 de Enero de 2021 venció el plazo de pago de la factura ER-9912001Y6X, por importe de 1.200 €, correspondiente a los servicios prestados por esta empresa entre los días 10 y 18 de Diciembre de 2020.

Cap. 2. El requerimiento extrajudicial

En diversas ocasiones he intentado ponerme en contacto con usted, a fin de encontrar una solución amistosa a esta incidencia, sin que los mensajes remitidos los pasados días 7 y 16 de Febrero hayan servido para resolver la situación (docs. 1 y 2).

Por este motivo, debo requerirle a que, en el plazo máximo de una semana a partir de la recepción de este requerimiento, se sirva efectuar la transferencia por el importe pendiente de pago a la cuenta bancaria número X6790-0010-8299-276E, a nombre de nuestra empresa, enviando el oportuno justificante a mi dirección de correo electrónico en e.smith@smith.inc.

En caso de no atender este requerimiento en el plazo propuesto, y lamentándolo mucho, iniciaría la reclamación judicial de la deuda pendiente sin nuevo aviso.

A la espera de sus noticias, reciba un saludo:

Elisa Smith"

Los nombres y direcciones son lógicamente inventados y sólo tienen la finalidad de poner un ejemplo universal que puedas aprovechar, sin importar el sitio en el que vivas.

Fíjate en que el tono, el formato y la finalidad ya son radicalmente distintos. En las dos o tres últimas semanas, desde que se disparó este proceso ante la falta de pago de la factura, has estado intentando hacer todo lo posible por averiguar lo que pasaba y encontrar una solución amistosa al problema. Pero si en esas dos o tres semanas no te responden, no cobras y no hay una propuesta de resolución, el problema pinta mal y hay que atajarlo lo antes posible. Puede parecer radical, pero mucho más radical va a ser que tengas que cerrar el negocio por la falta de liquidez en tus cuentas. Si tu política de gestión de cobros es ir dejando pasar las facturas pendientes, tarde o temprano te irás a la ruina.

Puede que a primera vista no lo notes, pero la carta está muy bien estructurada y cada párrafo dice una cosa muy concreta y con una finalidad muy definida. Lo primero de todo es el encabezamiento, en el que debes hacer constar claramente el remitente (tú) y el destinatario (el deudor). En muchos países no es necesario poner todo esto en una carta, mucho menos si va en un sobre. De hecho, el burofax español, y los servicios equivalentes que conozco en otros países, no lo piden, ya que esta información aparece en la portadilla del envío. Pero uno de los objetivos secundarios que está presente en todo el proceso es "crear evidencias". Cada documento que elabores tiene que ser completamente auto-suficiente, sin que sea necesario referirse a otros en el pasado para poder obtener un dato.

Ese es el motivo de que siempre haya incluido el número de la factura, la fecha de vencimiento o el importe de la misma en todos los mensajes. Cuando he pedido que mande una transferencia, he puesto el número de cuenta y en ningún momento he dicho "la factura pendiente" o "la cuenta que ya conoces", sino "ésta factura" y "ésta cuenta". De esa forma consigues dos cosas; por un lado, el destinatario del mensaje no puede alegar que no sabía a qué te referías; por otro lado, cualquier persona que tenga que leer esto en el futuro no se va a perder en una montaña de papeles tratando de averiguar a qué factura te referías o qué cantidad es la que pedías.

Por tanto, el encabezado empieza poniendo con claridad que lo mandas tú y que lo envías a una persona concreta.

Cap. 2. El requerimiento extrajudicial

El primer párrafo, tras el saludo, es el que establece el contexto. Es un párrafo expositivo en el que indicas, muy brevemente, el motivo del escrito: ha vencido esta factura, por este importe, en esta fecha.

El segundo párrafo es una breve narración de lo que ha pasado en las últimas semanas: he hecho un par de intentos de comunicarme contigo y no consigo nada. Como verás, tienes que seguir con el estilo breve y sucinto. No te lances a contar tu vida ni los avatares de la relación comercial. No hagas referencia a conflictos pasados o conversaciones telefónicas, si es que las ha habido. El objetivo de este documento es sólo lanzar un ultimátum y que a cualquier persona que lo lea en el futuro le quede claro lo que ocurre ahora.

Verás que en este párrafo hago referencia a los dos correos electrónicos mandados con anterioridad y que indico que se adjuntan, cada uno con un número de referencia. Eso quiere decir que tienes que imprimir los dos mensajes que mandaste con anterioridad, escribir las referencias "doc. 1" y "doc. 2" en la parte superior, y añadirlo al burofax.

Esta es una estrategia que tiene una finalidad muy importante para ti: acreditar lo que ha pasado y convertir dos mensajes de correo electrónico, que son documentos válidos, pero con una baja credibilidad como prueba judicial, en documentos irrefutables. Lo que vaya en el burofax está certificado por el servicio de correos, por lo que la otra parte no podrá alegar que, en el momento de recibirlo, no sabía lo que estaba pasando. Podrá decir que nunca le llegaron los dos mensajes de correo electrónico, que probablemente sea mentira, pero no que en el momento de recibir el burofax no se puso al día.

El tercer párrafo es una llamada a la acción, con una propuesta de resolución clara y concreta: me tienes que pagar en una semana y tienes que enviar el justificante de pago. Ya no hay motivo para más dilaciones y esperas. Has dado varias oportunidades y empieza a pasar demasiado tiempo. Quieres una solución inmediata y esa sólo puede ser pagar la deuda pendiente.

El cuarto párrafo es el establecimiento del límite temporal: esta situación no se va a prolongar indefinidamente. O tengo el tema solucionado en una semana, o doy el siguiente paso, que es iniciar la reclamación judicial.

En este punto, las cosas se han torcido mucho. En el momento en que dices "o me pagas o te demando", ya puedes dar la relación comercial por perdida, casi con total seguridad. A menos que tengas un servicio o un producto exclusivo e irreemplazable, que tu cliente no pueda conseguir en otro sitio o le cueste mucho trabajo hacerlo. Eso es lo que hacen las empresas de suministros, como el agua o la luz. En muchos sitios, no hay alternativas. Saben que pueden ser todo lo desagradables que quieran, porque no tienes otro proveedor al que acudir o, si lo hay, es un engorro cambiar el contrato.

Antes de recurrir a la carta del chantaje, por la exclusividad del suministro, recuerda la indignación que te invade cuando el banco, la empresa de telefonía móvil o la del suministro de agua te hacen esto a ti. La sensación de ira es tan grande, que lo único que llena tu mente es la idea de que "en cuanto pueda, les doy la patada y me voy con la competencia". Cobrar es legítimo. Reclamar es legítimo. Pero si lo haces de una forma soberbia o agresiva, perderás el cliente y a todo el que le escuche contar la aventura, aunque tengas razón.

Cap. 2. El requerimiento extrajudicial

Eso es todo. Te despides de forma atenta y mandas la carta, con los dos mensajes anexos. Al cabo de unos días recibirás el acuse de recibo y, posiblemente, una llamada o un mensaje de la persona a la que te has dirigido, protestando por el tono del mensaje y asegurando que es desmedido y que "no hacía falta llegar a este punto". Lo he oído decenas o cientos de veces. Mientras la situación es que tú tienes la factura impagada, no pasa nada. En el momento en que te pones en tu sitio, todo son protestas. Recuerda que no tienes que sentirte culpable y que tienes que velar por la viabilidad de tu negocio. Sin una gestión adecuada del flujo de caja y los cobros, te irás a la quiebra.

Llamadas telefónicas

Una cosa que me preguntan mucho es si no sería mejor hacer una llamada telefónica y resolver el asunto de manera directa. Es un tema complejo, al que sólo se puede responder si antes definimos el estilo de gestión que quieres implantar en tu negocio.

La respuesta técnica es NO, una llamada telefónica no sirve para nada y no cumple los requisitos del método que estamos viendo aquí. El objetivo de las comunicaciones escritas es, entre otras cosas, eliminar la ambigüedad y crear un registro de evidencias documentales que, en caso de tener que llegar a la demanda judicial, te permitan acreditar todo lo que digas en ella. Las llamadas telefónicas no dejan huella, aunque aparezca el número en el registro de tu teléfono o incluso pudieras hacer una grabación de ella. No se trata de que dicha grabación sea o no admisible en un procedimiento, que casi siempre lo es, sino que complicas innecesariamente las cosas. Las llamadas hay que transcribirlas y peritarlas. Los mensajes por burofax no admiten discusión.

Pero claro, comprendo el otro punto de vista. Los mensajes son fríos, no te permiten percibir el tono de la persona que hay al otro lado y todas las sutilezas de la comunicación no verbal. Y es cierto. Y a lo mejor es posible que la persona que te debe el dinero tenga un problema, esté abrumada por la situación y le sea más fácil expresarse de viva voz que por escrito. Pero aquí es donde viene el problema que te decía: ¿qué estilo de gestión es el que llevas?

Hay que entender que "empresario" o "profesional independiente" es una denominación genérica que abarca una enorme diversidad de situaciones. Tan empresario es el que se dedica a conducir un taxi, como el que tiene una fábrica de cemento. Tan profesional independiente es quien se dedica a dar cursos de asistencia al parto como el abogado que lleva la defensa de un caso penal.

Todas esas personas tienen una sola característica en común: gestionan su propio negocio o son administradores de un negocio, por lo que sus ingresos y la viabilidad de ese no dependen del trabajo que hagan otros en un lejano departamento de contabilidad o gestión de cobros, sino que es un problema que descansa en su propia mesa, del que no puede escaparse.

Tienes que tener una política de gestión de cobros y relaciones profesionales, adaptada a tu actividad y al trato que tienes con los clientes. Si gestionas esa fábrica de cemento, los clientes serán otras empresas o jefes de obra, a los que tienes que proporcionar camiones de sacos de veinticinco kilos. Y no tendrás unos cuantos clientes, sino una rotación muy importante. Si tienes una guardería, tus clientes son muy cercanos, con un trato personal y un círculo estrecho con una renovación relativamente baja, porque los niños pequeños suelen quedarse

Cap. 2. El requerimiento extrajudicial

meses o incluso años en la guardería, hasta que superan la primera infancia y tienen que acudir a un colegio ordinario.

Todas esas personas no pueden tener las mismas políticas de gestión y trato. La naturaleza de su negocio y la forma de tratar con el cliente son completamente distintas. Pero lo que es incuestionable es que si, en nombre de una supuesta cercanía o familiaridad con el cliente, descuidas la gestión de cobros y penalizas el flujo de caja, tu empresa caerá tarde o temprano.

Así que toma una decisión. Adapta las propuestas que te hago a tu estilo y relación con los clientes, ya trates de manera casi familiar con ellos o de forma impersonal. Si tienes dudas, piensa qué haría la empresa de telefonía si le devuelves una factura sin pagar, porque las personas que hay ahí son profesionales, cuya única misión es mantener la viabilidad del negocio.

Puedes intentar una aproximación mixta al problema, si por tu personalidad y posición ante la vida no te sientes cómodo con planteamientos tan serios. Puedes intentar llamar y aportar un toque humano a la relación, en vez del primer requerimiento, pero según cuelgues el teléfono haz un resumen de lo que has hablado y escribe un mensaje de correo electrónico, todo lo cordial que quieras, en el que digas algo así como:

"Buenas tardes, Frank:

Muchas gracias por atenderme hace un momento por teléfono y las explicaciones que me has dado sobre el retraso en el pago de la factura. Entiendo los problemas por los que me dices que estás atravesando y, en atención a estas circunstancias, quedamos en que mandarás el pago en una semana.

Gracias de nuevo y estamos en contacto."

En un extremo del espectro de comportamiento tienes al administrador burocrático, normalmente un profesional que forma parte de una estructura de recursos humanos más o menos compleja, que trata cada expediente de forma impersonal y se debe a los números y la rentabilidad del negocio. En el otro extremo tienes a la persona independiente que es empresario por accidente, que quiere trabajar en lo que le gusta, pero nunca se le han dado bien esas cosas de los libros de cuentas y considera una grave ofensa tratar a los clientes como extraños y no como miembros de su familia.

Todos ellos deben proteger la continuidad de su negocio, porque si el negocio no funciona, terminará por ir a la quiebra y amenazar la estabilidad de su propio hogar, que es de lo que te hablaba en la introducción. Seguramente, conozcas algún caso. Cuanto más informales y coloquiales sean las comunicaciones, menos efectivas serán para reclamar posteriormente en la vía judicial y menos efectivas serán para trasladar al cliente moroso la idea de que pagar no es un favor, sino una obligación derivada de la relación comercial en la que tú ya has cumplido tu parte.

He tenido a una persona muy querida que ha pasado problemas por no reclamar facturas acumuladas a alguien durante meses y años. He tenido con esta persona serios enfrentamientos porque le angustiaba terriblemente la tesitura de tener que dar el paso de "ponerse duro", y yo sufría más teniendo que hacer de "poli malo" e insistir en que reclamara. Así que comprendo la situación y entiendo que no todo el mundo se encuentra cómodo con estas cosas, pero trabajas para ganarte la vida. Tienes que proteger tu hogar y mantener la empresa funcionando.

En resumen...

En este capítulo te he mostrado cómo dar el primer paso para reclamar una factura impagada que, esencialmente, consiste en saber qué está pasando y hacer todo lo posible por alcanzar un acuerdo amistoso que no perjudique la relación comercial con el cliente. Algunas de las ideas más importantes han sido:

* El primer requerimiento debe tener la forma de un mensaje informal, en el que comunicas a la otra parte que eres consciente del impago, pero que eso no supone ningún problema. Pides una explicación y abres la puerta a resolverlo sin mayores consecuencias.

* Aunque sea informal, el requerimiento debe cumplir ciertos requisitos para ser eficaz, como que tiene que ser escrito, breve, cordial, preciso y orientado a una solución práctica.

* Si no consigues una respuesta o vuelven a incumplir las promesas que te hayan podido hacer, ignoras lo ocurrido y mandas un segundo requerimiento por el mismo medio, con el mismo tono y con la intención de ratificar lo que está pasando.

* Si, tras los dos requerimientos informales, no consigues una respuesta o una solución, ha llegado el momento de mandar un ultimátum. Éste tiene la forma de una comunicación por burofax, que es una carta con certificación de contenido y entrega, en la que haces un resumen de lo ocurrido y adjuntas una copia de los requerimientos anteriores.

* El tercer requerimiento tiene el objetivo fundamental de poner un límite temporal a la incertidumbre de pago, de forma que, si se supera el plazo que das para la liquidación de la deuda, se inicia automáticamente la siguiente fase, correspondiente a la demanda monitoria.

* Las llamadas telefónicas o cualquier otro tipo de comunicación son posibles y es lógico que haya muchas personas que se sientan incómodas dando este paso. Pero si no atajas la situación, la deuda se irá acumulando, habrás establecido un marco en el que la otra parte asumirá que el compromiso de pago no es una obligación seria, y terminarás por tener problemas económicos en la empresa, si no es lo que ya te está ocurriendo.

Como reflexión adicional, fíjate en lo eficaz que es trabajar POR PROCESOS. Lo que has hecho ha sido aplicar un plan que ya estaba predefinido, sin dudar. El disparador es el impago, la reacción es el primer requerimiento, el resultado es una solución o el disparador para el siguiente paso. Como te decía en el capítulo anterior, un plan de gestión de riesgos (en este caso, de impago) no es un listado de instrucciones que debes seguir paso a paso, sino un conjunto de reglas y directrices pre-establecidas, que te permiten afrontar el riesgo cuando se presenta con rapidez y confianza.

En cuanto se presenta el evento que caracteriza el riesgo, en este caso el impago de una factura, el proceso de requerimiento extrajudicial se dispara y se pone en marcha. La sensación de agobio desaparece porque sabes lo que estás haciendo y a dónde te diriges, en vez de sentirte abrumado por una situación que te supera.

Cap. 2. El requerimiento extrajudicial

En el próximo capítulo veremos cómo presentar la demanda monitoria, de acuerdo al procedimiento establecido en el Derecho español. Verás que es un procedimiento casi protocolario y bastante sencillo de llevar adelante.

Cómo cobrar facturas impagadas

Capítulo 3
La demanda monitoria

La intención del requerimiento extrajudicial, en todas sus fases, es la de saber qué está ocurriendo y ofrecer a la parte deudora una oferta amistosa de resolución. Al mismo tiempo, creas un registro de evidencias documentales que te permitan afrontar la demanda judicial, si es que eso llega a ser necesario.

Por desgracia, llega un momento en que hay que admitir que esa solución amistosa no es posible. Prorrogar la situación de impago sin hacer nada sólo puede perjudicarte. Se te acumularán tus propias obligaciones con terceros y es posible que pongas en riesgo el negocio. Si el burofax no tiene el efecto de conseguir que cobres, debes cumplir lo anunciado y presentar la demanda monitoria, que es lo que vamos a ver en este capítulo. Antes de explicarte en qué consiste, cómo presentarla y qué es lo que va a ocurrir, quiero hacer una última reflexión sobre los posibles conflictos emocionales que tengas sobre este asunto.

Aquí la duda que puedes tener es si te has precipitado o no, si podrías haber dado un poco más de tiempo o no, si puedes permitirte el lujo de perder clientes o no, si estás cómodo con esta forma de actuar o no. Son preguntas difíciles, porque tienen que ver más con las opciones éticas y existenciales de cada persona que con un problema técnico-jurídico sobre la reclamación de pagos en las relaciones comerciales. La Ley de Enjuiciamiento Civil o el Código de Comercio no dan respuesta a las dudas éticas. El Derecho es un intento por establecer un marco de seguridad jurídica a los ciudadanos, que les permita desarrollar sus vidas con tranquilidad y encauzando los conflictos de forma positiva. Pero no es justo ni injusto, no es ético ni moral. Protege a la sociedad, pero no le dice cómo tiene que vivir.

Yo no puedo, en un libro como éste, darte respuesta a la duda de si es correcto o no presentar una demanda monitoria para cobrar una factura pendiente, cuando sabes que la persona que te debe dinero tiene sus propios problemas. A veces lo sabrás y otras no, algo que depende, de nuevo, de la naturaleza de tu negocio, del número de clientes que tengas y de las circunstancias que te rodean. Lo que debes pensar es qué tipo de vida quieres como empresario o profesional; una en la que los problemas de los demás te arrastren, u otra en la que pongas una barrera que impida que esos problemas te alcancen a ti y a tu entorno.

Si le preguntas a un amigo, éste te dirá que no te metas en problemas, que el refranero es sabio y que ya se sabe que "juicios tengas y los ganes". Esta idea hace referencia al hecho de que, incluso si ganas la demanda, las molestias que ha ocasionado el procedimiento exceden, con mucho, las ventajas que pueda reportarte esa victoria. Pero, por mucho que te aprecie, tu amigo no es el que debe afrontar la angustia de los pagos pendientes cada noche.

Si le preguntas a un compañero de profesión, te dirá que esto es lo normal y que hay que aprender a vivir con los retrasos en el cobro. Mucho más si trabajas con la administración. Pero eso es un derrotismo que sólo sirve para que aceptes una situación abusiva: tú tienes que cumplir tu parte a tiempo, pero la otra no tiene que hacer lo mismo con la suya.

Cap. 3. La demanda monitoria

Finalmente, si le preguntas a una persona como yo, que se dedica a estas cosas, te diremos que no dejes pasar ni un instante y que actúes con rapidez, para que no se extienda el problema. Pero nosotros no tenemos que enfrentarnos a tus conflictos emocionales sobre cómo tratar a un cliente, del que no sabes a ciencia cierta si te ha dejado de pagar por necesidad o porque es su forma de hacer negocios.

Mi sugerencia es que no des lugar a que se produzca esa situación. Si tratas todas las deudas de la misma forma, con diligencia y siguiendo un plan desde el primer momento, no tendrás ese problema. Y, sobre todo, la primera vez que se te plantee una situación así con un cliente debes tener una conversación seria y advertirle: comprendo tu problema y quisiera ayudarte, pero no puedo hacerlo a costa de poner en riesgo mi propia continuidad. Una vez más, esto lo puedes decir de palabra, porque tienes una guardería, o por escrito, porque gestionas trescientas plazas de garaje, y tienes que establecer un marco de relaciones profesionales en las que no debas preocuparte si cobrarás o no los trabajos y servicios prestados.

Como te digo, son preguntas difíciles y seguro que seguirás dándole vueltas mucho tiempo después de leer estas líneas. Resuelve el problema, toma una decisión y entonces sabrás qué hacer. Cuando tengas la tranquilidad de sentirte a gusto con la decisión que hayas tomado, prepárate para dar el siguiente paso, que es el proceso de presentar la demanda monitoria.

El proceso monitorio

Para ser precisos, la acción monitoria no es un juicio sino un proceso judicial, que es distinto. La diferencia puede parecer un tecnicismo sutil, pero es importante que lo comprendas. Un juicio, que empieza por la presentación de una demanda, es una herramienta del ordenamiento jurídico mediante la cual dos partes enfrentadas (o más) piden a un tercero, el juez, que tome una decisión sobre la controversia que le presentan.

Hay dos características importantes del juicio civil, tal y como lo entendemos en la sociedad moderna. La primera es la independencia del juez, que es alguien que no conoce a las partes y que no tiene interés en ponerse del lado de una u otra. Por tanto, ambas confían en que emita una resolución justa o ajustada a la ley. La segunda es el carácter funcionario del juez, que es tal por profesión, pero cuyos ingresos no dependen del resultado del litigio.

Esta es una diferencia muy importante respecto a los arbitrajes, que son un negocio y por tanto proclives a la perversión del procedimiento, como desarrollaré en otro libro sobre el tema. Por ahora, baste decirte que JAMÁS debes aceptar un arbitraje para la resolución de un problema mercantil.

Las razones son muchas y exceden el ámbito de este libro, pero baste decirte dos: la que te acabo de comentar, es un negocio, y la segunda es la falta de seguridad jurídica del proceso, debido a que no se aplica la Ley de Enjuiciamiento Civil y no hay posibilidad de recurso ante los posibles errores del laudo. En otras palabras, no hay reglas claras y no puedes protestar por el resultado.

Cap. 3. La demanda monitoria

Tenemos, por tanto, que un juicio es un escenario en el que varias partes someten a otra (el juez) una controversia, para que ésta, que no tiene ningún interés personal en el asunto, tome una decisión ajustada a Derecho. ¿Está claro? Bueno, pues un procedimiento monitorio no es nada de eso. No es un juicio y no tiene el desarrollo de un juicio ordinario.

Digamos que un proceso monitorio es una especie de tentativa de ejecución de un derecho de crédito, con fuerza judicial, mediante un procedimiento muy simplificado, que permite a las partes encontrar una solución menos grave que el juicio ordinario. Te lo explico por partes.

Un proceso monitorio es una tentativa de ejecución de un derecho de crédito. Hay que empezar por la última parte. Un "derecho de crédito" es cualquier título (un contrato, una factura, un pagaré) que te da derecho a recibir una compensación económica. Si tienes un pagaré que ha vencido y no tenía fondos, es un "derecho de crédito" sobre la cuantía del pagaré. Si tienes una factura sobre un trabajo realizado, es un "derecho de crédito" sobre el importe de ese trabajo. Y así sucesivamente. Así que "derecho de crédito" no es lo que crees que deberías cobrar, sino un documento claro y firme que te otorga la posibilidad de reclamar esa cantidad.

Es una tentativa de ejecución porque el juzgado no ordena a la parte deudora a que pague. Solamente se lo pide, aunque lo hace mediante una diligencia judicial, que es un documento que tiene un aspecto bastante serio. Pero no le obliga. Por tanto, no pienses que "poner un monitorio" implica automáticamente que te van a pagar. Lo que va a pasar es que el secretario judicial (ahora se denominan "letrados de la administración de justicia") coge tu derecho de crédito y le manda un requerimiento judicial al deudor, para pedirle que se pronuncie: o paga o se niega a pagar. No hay consecuencias negativas a la oposición. Si no paga, no le pasa nada. No hay fuerza coactiva en la intervención del juzgado. Entonces, ¿para qué sirve?

Es una de esas cosas del Derecho que son difíciles de entender. A mí me costó un par de años cogerle el truco, pero cuando lo dominas es de gran ayuda.

A ver, la primera ventaja es que es una forma amistosa de resolver el conflicto. Puede que te parezca una contradicción. ¿Cómo va a ser "amistoso" plantarle una demanda a alguien? Pues sí, porque, como te acabo de explicar, en realidad no es una demanda judicial ordinaria, sino una especie de requerimiento de pago por vía judicial, que suena muy grave, pero no tiene consecuencias negativas. La parte a la que se demanda no tiene que pagar costas, ni intereses, ni multas por mala fe procesal, ni nada por el estilo. Si accede a pagar al primer requerimiento del juzgado, el proceso termina ahí sin mayores consecuencias. Sí, habrás perdido el cliente para siempre. ¿Quién quiere seguir tratando con alguien que no paga o que te pone una demanda? Pero habrás cobrado el dinero, que era tu objetivo principal.

La segunda es que no tiene costes judiciales o no los tiene si no quieres. Una de las características de este procedimiento es que no es necesaria la intervención de abogado y procurador y es uno de los pocos cauces procesales en la ley española en el que el ciudadano (en su nombre o como administrador de una empresa) puede acudir a los juzgados por sí mismo. Eso no quiere decir que no PUEDAS ir con abogado y procurador. Si quieres lo haces, pero luego no podrás pedir condena en costas por esos gastos, porque no eran obligatorios por ley y, por tanto, la parte contraria no debe correr con ese coste.

Este punto fue muy polémico cuando se aprobó la reforma de la Ley de Enjuiciamiento Civil, ya que algunos colectivos profesionales de abogados protestaron mucho al ver el riesgo de perder una parte de su negocio. Desde mi punto de vista, igual que muchos autores, ese temor no tiene fundamento por la sencilla razón de que el procedimiento monitorio se dirige, fundamentalmente, a las reclamaciones de pequeña y mediana cuantía, casos en los que por cualquier punto que lo mires la intervención de abogado y procurador ya era excesiva.

Quiero decir que si vas a reclamar una factura de 350 € y el abogado te pide 600 € de provisión de fondos, jamás vas a recuperar esos costes, porque hay un límite de un tercio sobre la cuantía de la demanda para las costas procesales. De esos 600, sólo podrás recuperar 200, lo que constituye una causa de desistimiento para mucha gente que ve más caro reclamar que dar la deuda por perdida. Pero si tienes un procedimiento sin costes procesales, que te permite reclamar los 350 € sin gastos adicionales, entonces hay un montón de deudas que sí se pueden reclamar. El colectivo profesional de abogados no pierde nada, porque para empezar nadie entra a un juicio por 350 € en donde sabe que va a perder 400 de costas procesales.

La tercera ventaja es que es un procedimiento muy breve y ágil, que sólo tiene dos o tres pasos: presentas la demanda, requieren al deudor y paga, no paga o no contesta. No hay más opciones. En seguida te explicaré qué es lo que pasa en cada uno de esos casos. Por ahora sólo tienes que tener claro que no vas a tardar dos años en tener respuesta, sino unas pocas semanas. El plazo que tiene la parte demandada para responder es de veinte días hábiles, que viene a ser un mes natural, si quitas los fines de semana y las posibles fiestas que pueda haber de por medio.

La cuarta ventaja es que es un procedimiento muy sencillo. Como te enseñaré un poco más adelante, rellenar el formulario para presentar la demanda monitoria es realmente fácil y puede hacerlo cualquiera, incluso por Internet. No tienes que preocuparte la complejidad del papeleo. De todas formas, te pondré un ejemplo completo para que no te queden dudas.

Así que tienes un procedimiento amistoso, sin costes, breve y sencillo, que casi podrías considerar el cuarto requerimiento, siguiendo los tres que vimos en el capítulo anterior. Lo único que pasa, y esta es la siguiente característica del proceso monitorio, es que éste requerimiento tiene fuerza judicial. La parte contraria no puede evadirse, no puede ignorar las citaciones, no puede hacer como que no ha leído la comunicación y no puede darte largas diciendo que te paga la semana que viene y no contestar en dos meses.

Requisitos del proceso monitorio

Este proceso, como ves, tiene muchas ventajas, pero para poder acceder a él hay que cumplir ciertos requisitos. En esencia, para que puedas reclamar una deuda por este medio, ésta tiene que cumplir cuatro requisitos: ser dineraria, líquida, vencida y exigible. Vamos a ver qué significa todo esto.

Cap. 3. La demanda monitoria

Una deuda es dineraria si sólo implica el pago de una cantidad de dinero. Sé que puede sonar un poco ridículo, pero piensa en esas películas del oeste americano en donde empiezan a subir las apuestas en una mesa de billar y, acabadas las fichas, los jugadores empiezan a apostar las cosas que tienen: el caballo, la silla de montar, las espuelas y el título de propiedad de una mina de oro abandonada. Bueno, pues todo lo que había en la mesa en fichas es "dinerario", porque representa dinero. Todo lo que no sean fichas no es dinerario. Eso NO se puede reclamar por medio del procedimiento monitorio. Así que, si firmaste un acuerdo por el que debían pagarte una parte en dinero y otra en especie, porque tienes una granja de explotación porcina y a cambio de un cruce te pagan con parte de la piara de lechones que nacen, eso no lo puedes reclamar.

Una deuda es líquida cuando tiene un valor concreto y fijo. No puedes reclamar una cantidad que haya que calcular, sino que ya se haya fijado por adelantado. Así que no puedes reclamar los beneficios de la mina de oro que ganaste en la partida de póker, porque es una deuda dineraria, sí, pero no es líquida, porque en ningún sitio pone cuál es esa cantidad y habría que calcularla. Si tienes una factura impagada, elaborada a partir de un presupuesto aceptado por el cliente, eso sí es una deuda dineraria y líquida, porque el importe de la factura ya se fijó en el presupuesto y es una cifra concreta. Todo lo demás no lo es.

Una deuda está vencida cuando se ha cumplido el plazo pactado para su liquidación. Si tu factura tenía una fecha pactada, esta ha pasado y no has cobrado, la deuda está "vencida".

Por último, una deuda es exigible cuando ya se han cumplido los requisitos para poder exigir su pago. Aunque este libro está dirigido a profesionales y administradores, el caso más genérico será siempre que ya has cumplido con tu parte del contrato de servicios o suministros, pero creo que es fácil entender que hay más situaciones en las que una deuda dineraria y líquida vence y hay que pagarla, como puede ser la devolución de un préstamo.

Si tu deuda cumple estos cuatro requisitos, entonces puedes acudir al procedimiento monitorio para reclamarla.

Limitación económica del proceso

¿Y no hay limitaciones de cantidad? Pues no, pero sí. En la redacción original de la Ley 1/2000, de 7 de Enero, de Enjuiciamiento Civil, había un límite de 250.000 €. Pero éste se retiró con la Ley 37/2011, de 10 de Octubre, de medidas de agilización procesal, de forma que en la actualidad no hay límite al proceso monitorio. Así que, por ese lado, no tienes limitación.

Lo que pasa es que, si el deudor se niega a pagar la deuda, entonces el procedimiento se transforma en el tipo de juicio que corresponda a la deuda, que puede ser un juicio verbal o un juicio ordinario. En cualquier de esos dos casos, si la deuda es superior a 2.000 € entonces sí que es obligatorio acudir con abogado y procurador, por lo que, en la práctica, sólo podrás ejecutar por ti mismo en toda la integridad de este método aquellas reclamaciones que correspondan a deudas por debajo de 2.000 €.

¿Y si la deuda es superior a esa cifra? Hay dos posibilidades. La primera es que la cuantía que reclamas aparezca como la suma de muchas reclamaciones individuales, lo que correspondería a un caso muy habitual, que es el de alguien que ha ido acumulando facturas impagadas, cada una de ellas por debajo de 2.000 €, que, en conjunto, suman más de 2.000 €. En ese caso puedes presentar tantas demandas como deudas individuales existieran en su origen.

Cuidado que la línea entre el fraude procesal y la reclamación legítima es muy fina, pero está muy clara. Una cosa es que te hagan seis pedidos de 500 € y la suma de todos ellos sea 3.000 € y otra que te hagan un pedido de 3.000 €, a cumplir en seis entregas de 500 €. En el primer caso sí puedes hacer las reclamaciones individuales, porque cada una de ellas tiene su origen en un negocio jurídico independiente. Otra cosa es que sea ético, correcto o práctico separarlo. Hay un concepto que se llama "economía procesal", que se traduce en la obligación de tomar todas las medidas posibles para no desperdiciar los recursos de la Administración de Justicia.

Por si no te has dado cuenta, los juzgados de lo civil están sobrecargados de trabajo y llevan un retraso de meses y años en la resolución de las causas que abren. La Justicia, además, es gratuita, lo que quiere decir que el coste de todas esas intervenciones va a parar a los Presupuestos del Estado, a través de las partidas de Justicia que correspondan. No puede ser que haya ciudadanos "avispados" que abusen de estas circunstancias para lanzar cuarenta demandas de 150 €, cuando podían resolverlo todo en una sola demanda de 6.000 €.

Pero es que, además, tampoco es que te interese mucho fragmentar la acción judicial. Cuarenta reclamaciones de 150 € son cuarenta demandas monitorias, cuarenta resoluciones y cuarenta posibles transformaciones en juicio verbal, cada una de ellas con sus diligencias, alegaciones, contestaciones y posible vista a cita oral, cada una de las cuales te quitaría una mañana de tiempo. ¿Merece la pena?

Yo siempre recomiendo hacer una primera demanda por una cuantía moderada, para que adquieras un mínimo de experiencia y comprendas las fases del proceso. En gestión de proyectos se dice que la primera vez que haces algo no lo haces para conseguir lo que te propones, sino para aprender cómo NO se hacen las cosas. Con tu primera reclamación cometerás un montón de errores y tendrás que descubrir muchas cosas. Puede que pierdas, pero esa experiencia será clave para que la segunda, tercera y sucesivas veces lo hagas cada vez mejor.

No es que te desee que pases la vida demandando a los clientes por facturas impagadas, pero si llegas a entender y controlar el procedimiento, le perderás el miedo y tendrás un proceso claro y eficaz para que los impagos dejen de ser un problema en tu negocio. Una vez que hayas resuelto ese asunto, junta las reclamaciones todo lo que puedas, si corresponden al mismo deudor y no superas los 2.000 € al hacerlo. Si puedes permitirte un abogado y procurador, entonces no te preocupes del límite y ve a por todas. Es lo más eficaz.

Prescripción de la deuda

En el planteamiento general de todo lo que te cuento en este libro se encuentra la idea implícita de que, cuando se produce un impago, debes actuar con la mayor rapidez y no permitir que la situación se enquiste y prorrogue por tiempo indefinido. No sólo es que te perjudique por la falta de liquidez o la posibilidad de que la empresa que te debe dinero entre en quiebra y no lo cobres jamás, es que además la

Cap. 3. La demanda monitoria

deuda puede prescribir y también se cerraría el cauce de la reclamación judicial.

Antes de la modificación de la Ley de Enjuiciamiento Civil de 2015, el plazo genérico para las deudas contractuales era de quince años. Eso quiere decir que, si en 2010 te dejaron una factura pendiente de pago, podías reclamarla hasta 2025. Había muchas voces que protestaban, argumentando que una deuda que podía extenderse tanto en el tiempo creaba inseguridad jurídica y, por tanto, los legisladores acabaron aceptando la idea y redujeron el plazo a cinco años.

Yo no estoy de acuerdo con este planteamiento ni de lejos. No sé cómo quieren entender algunos colectivos profesionales la idea de "seguridad jurídica", porque en origen lo único que significa es que las consecuencias de los actos son previsibles: si atropellas a un peatón, tienes que indemnizarle. Y si le matas accidentalmente, te cae una condena por homicidio. Y si le atropellas, lo matas y te largas, te cae una condena mucho más gorda por atropello y fuga. Eso es lo que significa seguridad jurídica: "los actos tienen consecuencias previsibles". A una conducta dolosa (malintencionada) le corresponde un reproche penal y una sentencia condenatoria.

Seguridad jurídica también es que, si pides un servicio con la intención de no pagarlo, te pueden demandar y pagas el precio pactado, los intereses, la multa por mala fe procesal, las costas y lo que haga falta. No te escapas. Ya no veo tan claro que "seguridad jurídica" sea una especie de juego del "pilla-pilla" en el que, si consigues correr y evadir el tema cinco años, te libras de pagar. Cinco años puede parecer mucho, pero cuando alguien pierde su negocio precisamente por la acumulación de deudas impagadas y se va a la quiebra, puede que pase mucho tiempo antes de que tenga serenidad, ánimo y medios para interponer la demanda de reclamación de las deudas pendientes. De hecho, acabamos de pasar un año totalmente atípico por la crisis sanitaria, en el que todo se ha paralizado y un montón de negocios se han arruinado. De ese plazo de cinco años, para cualquier deuda que estuviera pendiente antes de Febrero de 2020, ya ha transcurrido un año, el veinte por ciento del plazo de prescripción, y la gente sigue confinada y con limitaciones.

En todo caso, es lo que hay y tienes que saber que, desde el momento en que la deuda es exigible y ha vencido el plazo de pago, tienes un máximo de cinco años para iniciar la demanda. Ese plazo se interrumpe en el momento en el que la reclamas por escrito o inicias las acciones judiciales. Por eso es tan importante que los requerimientos amistosos del capítulo anterior sean por escrito. Porque de esa forma puedes acreditar que has iniciado la reclamación de cantidad. De otra forma, las llamadas telefónicas y las palabras... se las lleva el viento y el tiempo sigue contando en tu contra.

La solución práctica es: "no dejes pasar el tiempo innecesariamente". Si sigues los pasos y directrices que te he dado en el capítulo anterior, no pasarán ni dos meses antes de que inicies la demanda monitoria, si es que la negociación extrajudicial falla. Y si estás leyendo este libro porque hace tiempo que tienes las facturas pendientes de cobro, no hay ningún escenario en el que te interese perder más tiempo.

Lo único que tendrías que comprobar es si han pasado más de cinco años desde que venció la factura que quieres cobrar. Si es así, mala suerte. No hay nada que hacer. Aprende la lección y no vuelvas a dejar

Cap. 3. La demanda monitoria

que esto suceda. Si no es así, no pierdas el tiempo e inicia ya mismo el proceso de reclamación, tal y como empezaba en el capítulo anterior, con la reclamación extrajudicial.

Reclamación de intereses

Junto al importe de la deuda que tengas pendiente de cobro, también existe la posibilidad de pedir intereses por el retraso. Lo que pasa es que no te lo recomiendo. Esa renuncia puede parecerte tan extraña que quiero dejar bien claro por qué te digo esto.

Podríamos pensar que el pago de intereses es una especie de penalización por el retraso: si me tenías que pagar el 25 de Enero y no me pagas hasta el 30 de Marzo del año siguiente, lo lógico es que me pagues los intereses. No sólo como penalización, sino también como una representación del poder adquisitivo perdido en el plazo transcurrido. A fin de cuentas, si la inflación interanual se sitúa en torno al 1'5% (que ha sido la media en España los últimos diez años) el dinero que me pagas ahora tiene un valor 1'5% más bajo que el que me tenías que haber pagado el año pasado. En realidad, sobre ese plazo de un año y tres meses, la inflación acumulada ronda el 1'75%. Para que lo veas más claro, si te debían 350 € y te pagan al cabo de 15 meses, es como si sólo te pagasen 343 €. Has perdido unos 7 € en ese plazo de tiempo.

Todo este cálculo es muy aproximado y no quiero entrar en si son dos decimales más, si la inflación acumulada es del 1'5 o del 1'487. Lo importante es que estemos de acuerdo en que, si te pagan más tarde, el dinero con el que te pagan tiene menos valor debido a la inflación acumulada. La petición de intereses debería amortiguar esa pérdida.

El problema es que la propia definición del proceso monitorio pone una serie de pegas a esta pretensión. Hace un momento te he dicho que la deuda tiene que ser líquida, lo que quiere decir que la cuantía debe estar fija en algún sitio. No se puede reclamar una deuda dinámica, que varía a medida que pasa el tiempo. Puedes pedir 367'78 €, pero no "250 € más los intereses que vayan acumulándose". Lo primero es líquido (una cantidad concreta), pero lo segundo no.

Además, si ya hemos dejado claro que el plazo de prescripción de este tipo de acciones es de cinco años, eso quiere decir que el máximo beneficio que vas a poder sacar es de un 7'5%. Bueno, no es poco, pero tampoco es mucho. Además, eso es lo máximo. Lo que debería ocurrir es que, entre el momento en que vence la factura y el momento en que inicias la acción monitoria, no deberían pasar más de uno o dos meses, si sigues los pasos y directrices que te estoy explicando, por lo que el interés que podrás reclamar es de un 0'20 ó 0'25% en las condiciones actuales. Sobre una deuda de 350 €, hablamos de ochenta céntimos. No merece la pena que pongas en riesgo la demanda de juicio verbal que viene después por esa miseria.

¿Dónde está el riesgo? En el criterio de cuantificación de los intereses. Pregúntate a partir de qué fecha habría que contar el cómputo del interés. ¿De la fecha de vencimiento de la factura? ¿De la reclamación extrajudicial? ¿Del burofax? ¿De la interposición de demanda monitoria? ¿De la llamada que hiciste y no quedó registrada en cualquier sitio?

Cap. 3. La demanda monitoria

Cuando interpones una demanda de juicio verbal (que es lo que va a pasar como el deudor no pague en esta fase) pueden darte la razón, quitarte la razón o darte la razón a medias. Sólo en el primero de esos casos hay condena en costas a la parte contraria; es decir, le obligan a pagar los gastos jurídicos del demandante.

Es cierto que te estás presentando sin abogado y procurador y no tienes que pagarlos, pero has tenido que pagar un burofax y eso es un gasto jurídico que puedes reclamar en las costas. Si el juez te concede sólo una parte de la demanda, como podría ser el importe de la factura, pero no los intereses por un fallo de cálculo, pierdes las costas, porque en ese caso cada parte paga las suyas.

Debido a los plazos de los que estamos hablando (unos pocos meses), la baja inflación de los últimos años (pocas veces ha llegado al 2%) y de la escasa cuantía de las reclamaciones (aquí sólo podemos pedir hasta 2.000 €) mi consejo es que NO pidas los intereses.

Además, podrías usar esta baza como un argumento de persuasión al deudor. Es muy posible que, tras recibir la demanda, se ponga en contacto contigo indignado y te acuse de haber desmadrado las cosas sin necesidad (a mí me lo han hecho decenas de veces, normalmente las mismas personas que no me respondieron cuando intentaba saber qué pasaba). En ese momento puedes decir con toda la honradez del mundo que es un proceso sin consecuencias y que, si te paga en seguida, puede ahorrarse los intereses, que no has pedido, y las costas procesales.

No es seguro que te pague, pero puede ocurrir y, a fin de cuentas, ese es tu objetivo.

Otra cosa es que, dentro de cuatro o cinco años leas este libro y tengas una factura de 14.000 €, que la inflación interanual esté en el 8% y que hayan pasado dos años desde que iniciaste la reclamación. En ese caso, los intereses pueden subir a más de 2.000 € y sí conviene reclamarlos. Pero con esa cuantía tendrás que acudir asistido de abogado y procurador y es mucho mejor que te dejes orientar por tu abogado sobre cuánto y cómo reclamar en concepto de intereses.

Competencia territorial

Puede que te sorprenda, pero el juzgado al que tienes que dirigirte para presentar una demanda monitoria no es el de tu localidad, entendiendo como tal aquella en la que tengas el negocio o tu domicilio profesional, sino la de la empresa o la persona que te debe el dinero.

Si tienes un taller mecánico en Cádiz y te debe dinero una empresa de transporte por carretera de Málaga, tendrás que acudir a los juzgados de Málaga. De lo contrario, a los pocos días de presentar la demanda te llegará una diligencia del juzgado desestimando la misma por falta de competencia territorial y tendrás que volver a empezar.

En este momento, cuando sólo estás iniciando la demanda monitoria, la competencia no es un problema grave. Todo el procedimiento se hace sin vista oral, de forma que no tendrás que desplazarte a ningún sitio.

Pero si el deudor no paga, el procedimiento de juicio verbal posterior sí que puede tener vista oral y ahí sí tienes que tener en cuenta los gastos de desplazamiento y estancia, si la población del deudor está muy lejos. No es lo mismo vivir en Fuenlabrada y demandar a una empresa de Aravaca, que son dos poblaciones de Madrid separadas por poco más de veinte kilómetros, que vivir en Murcia y demandar a una empresa de Orense, que está a novecientos kilómetros por carretera.

Gracias a que casi todos los partidos judiciales en España tienen habilitada la posibilidad de presentar los escritos de demanda por Internet, no vas a tener que desplazarte ni siquiera para iniciar el proceso, pero es conveniente que lo tengas en cuenta para la parte del juicio verbal. Si te deben 1.200 € y vas a tener que gastarte 300 en ir y volver, incluidos el transporte y la comida, merece la pena. Pero si reclamas 250 €, lo que ganes no va a cubrir los gastos, aparte de perder dos días en ir y volver. Yo te diría que no te dejes disuadir de presentar una demanda por este motivo, pero tampoco estaría haciendo bien mi trabajo si no te advirtiera.

Una forma de prevenir este problema es que elijas proveedores cercanos a tu domicilio de actividad siempre que puedas; así, en caso de tener que demandar a alguien, sabes que tendrás los costes bajo control. No siempre será posible y a lo mejor te parece una exageración, pero la semana pasada he tenido una situación en la que tenía que elegir dos proveedores y he rechazado al que estaba más lejos, precisamente por esta razón. En igual de condiciones, siendo los dos igual de eficaces en el servicio que prestan, quédate con el más cercano.

Por supuesto, si el deudor tiene su domicilio fuera de España, olvídate de la demanda. Mejor dicho, ese caso queda fuera del alcance de este libro. La casuística es tan grande, que es mejor que te pongas en contacto con un abogado, le consultes el caso y veas si es viable y rentable. Lo he dicho varias veces: mi intención al escribir esta guía no es hablar mal de los abogados ni quitarles trabajo, sino ayudarte a que tengas criterio y puedas llevar adelante procedimientos que, normalmente, no son viables. Pero en caso de duda, siempre tienes que acudir a consultar a uno.

Redacción de la demanda

Si pensabas que presentar la demanda es complicado, te vas a llevar una sorpresa, porque, de todo lo que hemos hablado hasta ahora, posiblemente sea lo más fácil que puedes hacer. En el mundo jurídico hay una gran literatura sobre lo que se llaman "formularios procesales", que son plantillas más o menos genéricas que puedes usar para presentar una demanda, un requerimiento, alegaciones o cualquier otro acto procesal. Hay cientos y cientos de esos formularios, desde el más genérico, como puede ser el de la "*Demanda de Juicio Verbal*", al más preciso, como puede ser la "*Oposición a la Ejecución Cautelar de Condena Durante el Recurso en Segunda Instancia*".

No solo hay cientos de modelos, publicados por las editoriales jurídicas en forma de repertorios recopilados por facultades de Derecho, colegios y asociaciones profesionales, sino que el mismo Gobierno de la Nación, a través de las publicaciones de sus ministerios o de la propia redacción de la ley, ofrece bastantes formularios al ciudadano.

Uno de esos formularios que puedes conseguir de forma gratuita es el de la demanda monitoria, que es válido en todo el territorio nacional. Lo encontrarás en la página Web del Poder Judicial en la siguiente dirección:

https://www.poderjudicial.es/cgpj/es/Servicios/Atencion-Ciudadana/Modelos-normalizados/El-proceso-monitorio

Cap. 3. La demanda monitoria

También puedes hacer una búsqueda por Internet con las palabras clave "modelo demanda monitoria" y seguro que encuentras la misma respuesta entre los diez primeros resultados del buscador. La plantilla es así:

"MODELO DE PROCESO MONITORIO

AL JUZGADO

Don/Doña .... , (en caso de actuar en representación de una entidad deberá especificar a continuación su denominación social), como representante de la entidad .... , con DNI y NIF/CIF número .... , dirección de correo electrónico .... , domiciliado en la calle .... , número .... , piso .... , de la ciudad de .... , con número de teléfono .... y domicilio laboral en la calle .... , número .... , piso .... , de la localidad de .... , fax n.º .... y dirección de correo electrónico ....

FORMULO PETICION INICIAL DE PROCESO MONITORIO EN RECLAMACIÓN DE (indique la cuantía que reclama) ....

contra:

Don/Doña .... con DNI NIF/CIF número ...., domiciliado/a en la calle .... , número .... , de la ciudad de .... , número de teléfono .... , n.º de fax .... y dirección de correo electrónico .... (de conocer otros domicilios del deudor especifíquelos a continuación) ....

La cantidad reclamada tiene origen en las relaciones mantenidas entre las partes y, concretamente (relate brevemente los hechos que han originado la deuda):

En atención a lo expuesto, PIDO AL JUZGADO:

1.° Que se requiera a la/s persona/s deudora/s para que en el plazo de veinte días, pague/n la cantidad de .... , y para el caso de que en dicho plazo no atienda/n el requerimiento o no comparezca/n alegando razones de la negativa de pago, se dicte decreto dando por terminado el proceso monitorio y se me dé traslado del mismo para que pueda instar el despacho de ejecución

2.° Que si la persona/s deudora/s se opone/n por escrito alegando razones para negarse total o parcialmente al pago, se dé por terminado el monitorio y se acuerde seguir por los trámites del juicio verbal, dándome traslado de la oposición para poder impugnarla por escrito en diez días.

En .... , a .... de .... de ....

Firma:"

He reducido el número de puntos suspensivos para que no quede muy mal en el libro electrónico, pero esto es lo que pone. Este documento está disponible en formato WORD y PDF, de forma que puedes descargarlo y rellenarlo por ti mismo sin dificultad.

Verás que es casi auto-explicativo y que no tiene ninguna dificultad. Si seguimos con el ejemplo que vengo usando hasta ahora, nos quedaría algo así:

"AL JUZGADO

Cap. 3. La demanda monitoria

Doña Elisa Smith, como representante de la entidad Smith Enterprises, con DNI 555000001 y CIF número B0909XX001, dirección de correo electrónico esmith@smith.inc, domiciliado en la calle North Boulevard, número 267, piso bajo, de la ciudad de Oregón de Ardoz, con número de teléfono 555-55-55 y domicilio laboral en la calle North Boulevard, número 267, piso bajo, de la localidad de Oregón de Ardoz y dirección de correo electrónico ídem,

FORMULO PETICION INICIAL DE PROCESO MONITORIO EN RECLAMACIÓN DE 1.200 € (MIL DOSCIENTOS EUROS)

contra:

Acme Wedding Services, con CIF número B89W66710J, domiciliado en la calle Honeymoon Drive, número 1202, de la ciudad de Orlando, número de teléfono 555-55-56, y dirección de correo electrónico casateya@acmewedding.services.

La cantidad reclamada tiene origen en las relaciones mantenidas entre las partes y, concretamente en la factura ER-9912001Y6X, por servicios prestados de forma efectiva entre los días 10 y 18 de Diciembre de 2020:

En atención a lo expuesto, PIDO AL JUZGADO:

1.° Que se requiera a la persona deudora para que en el plazo de veinte días, pague la cantidad de 1.200 €, y para el caso de que en dicho plazo no atienda/n el requerimiento o no comparezca alegando razones de la negativa de pago, se dicte decreto dando por terminado el proceso monitorio y se me dé traslado del mismo para que pueda instar el despacho de ejecución

2.º Que si la persona deudora se opone por escrito alegando razones para negarse total o parcialmente al pago, se dé por terminado el monitorio y se acuerde seguir por los trámites del juicio verbal, dándome traslado de la oposición para poder impugnarla por escrito en diez días.

En Madrid, a 30 de Febrero de 2021

Firma: Elisa Smith"

Como puedes ver, si has seguido el libro hasta aquí prestando atención a los conceptos, es todo muy fácil y se entiende a la primera. Sólo quiero hacerte tres indicaciones:

Primera. Si presentas la demanda en nombre de una sociedad, aunque sea tuya, tienes que acompañar el poder de representación de la misma, que se suele llamar "poder bastante" y te lo da el notario cuando haces la constitución de la empresa. No sé cómo será en otros países, pero en general si presentas escritos en nombre de una empresa, tienes que demostrar que tienes poder para ello.

Segundo. Aunque aquí no se diga nada, tienes que acompañar con la demanda una copia de la factura que estás reclamando. Nada más. Sólo la factura.

Tercero. Fíjate en lo escueta que es la presentación del caso. Apenas tres líneas en las que menciono que hay una factura pendiente, con tal número, por servicios prestados en ciertas fechas. Nada más. No te líes a contar tu vida ni hacer una exposición pormenorizada de todo lo que hiciste en esos servicios, las llamadas y mensajes que has intercambiado o cualquier otra cosa.

Cap. 3. La demanda monitoria

Una demanda monitoria es sólo un requerimiento de pago con fuerza judicial. Basta con que acredites mínimamente el derecho de cobro (la factura). Si la parte contraria quiere oponerse, ya habrá tiempo de hacer alegaciones en la fase del juicio verbal. De momento sólo quieres que se intente la demanda de cobro por este medio y lo antes posible.

Presentación de la demanda

Partiendo de la demanda que ofrece el Ministerio de Justicia y siguiendo los pasos que has visto en el apartado anterior, en este momento puedes tener perfectamente preparada tu demanda monitoria. Ahora toca presentarla en el juzgado.

Para hacerlo, lo que tienes que hacer es imprimir tres copias de la demanda, otras tres copias de la factura que reclamas y otras tres del poder de representación de la empresa, en el caso de que reclames en nombre de una sociedad. Con eso haces tres copias completas: demanda, documentos acompañantes y poder de representación. Lo grapas todo junto y llevas las tres copias al registro del juzgado decano. Como es posible que no te suene lo que es, le lo explico con detalle.

Todos los partidos judiciales (las "plazas") están organizados en varias materias: civil, penal, laboral, familia, contencioso-administrativo, etc. La división no siempre es completa, porque depende de la población y carga de trabajo que haya en cada sitio. En Madrid tenemos más de cien juzgados de primera instancia e instrucción, mientras que en Cuenca sólo hay cuatro. En Madrid hay más de cuarenta juzgados de lo social y en Palencia sólo hay dos. Estas diferencias también afectan a la especialización, ya que en aquellas poblaciones que tienen menos juzgados, algunos de ellos tienden a acumular distintas materias, mientras que en poblaciones más grandes se pueden especializar mucho, como ha ocurrido, por ejemplo, con los casos de viajes aéreos o cláusulas suelo en hipotecas.

Cuando una demanda llega a los juzgados, hay un sistema de reparto que el ciudadano no puede conocer. Esto se hace así para que no puedas elegir al juez que te toca. El organismo que se encarga, entre otras cosas, del reparto se llama "Juzgado Decano". De forma que, cuando presentas una demanda, lo haces ante el registro del Juzgado Decano o de entrada de lo civil de la plaza judicial que te toca. Recuerda, por cierto, que en las demandas monitorias no tienes que ir al de tu localidad, sino a la localidad en la que está la sede de la empresa o profesional al que demandas.

Por tanto, para presentar esas tres copias de la demanda, lo que tienes que hacer es averiguar qué población es la que tiene los juzgados que corresponden al domicilio del deudor. No el particular, sino el de la actividad profesional. Una vez que lo sepas, consultas dónde se encuentra el registro de lo civil o el registro general y allí es donde tienes que presentar las tres copias. Sellarán dos de ellas y te devolverán una de las copias selladas, que es la que te quedas como prueba de haberla presentado en una fecha y registro concretos.

Otra posibilidad, más cómoda porque te evita desplazarte, es que presentes la demanda a través de la página Web del Ministerio de Justicia, donde encontrarás una zona dedicada por completo al procedimiento monitorio, o en la sede judicial de tu comunidad autónoma. Por ejemplo, la Comunidad de Madrid la tiene en la dirección https://sedejudicial.madrid.org/

Cap. 3. La demanda monitoria

Si miras en esa página, verás que hay un enlace que pone "Presentación de Escritos" y, una vez dentro, podrás elegir entre "escritos de trámite", que corresponde a documentos que presentas en piezas que ya están abiertas, y "escritos de iniciación", entre los que encontrarás el del procedimiento monitorio. Cuidado que en algunos sitios distingue entre el monitorio civil, el monitorio por deudas con la comunidad de propietarios y el monitorio de orden social. A ti te interesa el primero, el civil.

Para poder presentar la demanda de esta forma, tienes que disponer de un DNI electrónico con las claves de firma electrónica activada, un lector de tarjetas inteligentes con su software instalado y todos los documentos (la factura y el poder de representación de la empresa, si hace falta) en formato PDF para adjuntarlo.

Normalmente me gusta ser bastante detallista en estas cosas y suelo poner muchas pantallas y capturas en mis libros, pero en este caso tengo un problema. Las competencias de Justicia en España están cedidas a las comunidades autónomas, cada una tiene su propia página Web y procedimiento y la variabilidad es tan grande que tendría que hacer diez apéndices para explicar cada una de ellas con detalle.

Lo peor es que, posiblemente, a los dos meses de publicar el libro habría algún cambio menor en cada uno de esos sitios Web que haría inútil la guía. Así que, por esta vez, te explico por completo la presentación del escrito por ventanilla, que es un procedimiento que funciona en todas partes, y te animo a que le eches un vistazo a la sede judicial electrónica de tu comunidad autónoma, por si puedes agilizar las cosas por ahí y evitarte un paseo innecesario.

Si vives fuera de España, es lógico que nada de esto te afecte y tendrás que mirar cómo es el procedimiento en tu zona de residencia. Pero, como te dije en la introducción, verás que la estrategia general es válida en cualquier país con un sistema judicial organizado y que las figuras legales son muy parecidas. Lógicamente, tendrás que adaptar esto a tu marco jurídico y siempre será recomendable que consultes a un abogado.

Desarrollo del procedimiento

Una ventaja del proceso monitorio es que funciona casi "en piloto automático". Como te decía un poco más arriba, en realidad no es un juicio, sólo es un requerimiento de pago, por lo que el trámite se limita a poco más que el intercambio de un par de notificaciones y diligencias.

Lo primero que va a pasar es que tu demanda llegará a la mesa de un secretario judicial, que es cada uno de los funcionarios que hacen que el juzgado funcione. Pero de verdad, es la gente que hace que las ruedas y los engranajes giren, gestionando cientos y miles de expedientes. Esta persona va a mirar la demanda y no va a cuestionarse si tienes razón o no, sino la conformidad del documento con los requisitos de la ley. Que te hayas identificado correctamente, que la demanda esté firmada, que hayas adjuntado el documento que justifica la deuda (la factura en este caso), que haya un poder en caso de que representes a una sociedad mercantil, que los datos del demandado sean correctos y suficientes y cosas así.

Si todo está conforme, el secretario judicial iniciará el procedimiento abriendo un expediente con un identificador que consistirá en

Cap. 3. La demanda monitoria

el número de proceso, el año al que pertenece y el juzgado en el que se tramita. Por ejemplo 3782/2008 del Juzgado de Primera Instancia e Instrucción Nº186 de Madrid. Es casi imposible que lleguen a ese número de juicios ese año y no hay un juzgado 186 de primera instancia en Madrid, pero quería asegurarme de que no pongo por azar datos de un caso real.

A continuación, el secretario mandará una comunicación, o diligencias, a cada una de las partes, notificando que se ha abierto la pieza y confirmando que cumple todos los requisitos de la ley. En la misma diligencia, requerirán al demandado a que se manifieste en el plazo de veinte días para que pague la deuda, mediante el ingreso en una cuenta judicial, o que presente alegaciones de oposición.

El demandado puede hacer tres cosas: pagar, oponerse o no contestar.

Primer escenario: paga la deuda. Pues asunto resuelto. Has conseguido cobrar el dinero y no has tenido que incurrir en más gastos que un burofax. Aquí se termina el problema y podrías pasar al capítulo final en el que te propongo algunas medidas de prevención para que estas cosas no te pasen muy a menudo.

Segundo escenario: se opone a la demanda. En esos veinte días presenta en el juzgado un escrito en el que expone detalladamente por qué considera que no tiene que pagar. Eso pone fin al procedimiento monitorio y lo transforma en aquel que corresponda a la cuantía de la deuda. Si son menos de 6.000 €, un juicio verbal. Si son más de 6.000, un juicio ordinario. Como este procedimiento, si quieres llevarlo sin abogado y procurador, no puede superar los 2.000 € de cuantía, siempre estarás en el caso de un juicio verbal. Te explicaré cómo se desarrolla esta parte en el próximo capítulo.

Tercer escenario: no contesta. Hay muchas personas cuya estrategia es ignorar las comunicaciones y alargar la cosa, retrasando el pago todo lo que pueden. Algunos lo hacen porque no tienen dinero, pero si ese fuera el caso, ya has dado bastantes oportunidades de resolución amistosa en la fase anterior. Otros lo hacen simplemente porque es su forma de actuar y contra esos es contra los que tiene que actuar como te digo, de forma clara y rápida.

Puede que digan que no han recibido un correo electrónico, un mensaje de chat o que no entendieron el burofax, pero no van a poder hacer lo mismo con la notificación del juzgado. Si pasan los veinte días y no contestan, el juzgado dictará sentencia, condenando al pago de la deuda y, si no lo hace, se iniciará el procedimiento de ejecución forzosa y el posible embargo de cuentas del deudor hasta que pague lo que debe. Con esto conseguirás lo que pretendías desde el principio: cobrar. Puede que no sea la forma más agradable de hacerlo y, como te he advertido varias veces, da por muerta la relación comercial. Pero no te ha arrastrado a la ruina.

No hay más opciones en el procedimiento monitorio. O paga, o no paga o no contesta. Se acabó.

El plazo para que todo esto ocurra depende de la carga de trabajo que tengan en los juzgados de la zona en que presentes la demanda, pero suele ser un procedimiento bastante rápido e incluso si tienes un periodo vacacional de por medio, no deberían ser más de tres o cuatro meses desde el principio al final. En algunos sitios serán dos y en otros siete, pero en mi experiencia no es mucho.

Si sumas ese plazo al de la fase de requerimiento extrajudicial, puedes resolver cualquier problema de facturas impagadas en pocos meses y con un coste casi nulo, que es lo que te prometía en la presentación del libro.

Una de las tres opciones es mala. Si se niega a pagar, presentando un escrito de oposición, tienes que ir al juicio verbal y eso es algo que no te interesa para nada. No es que vayas a perder siempre, pero digamos que el procedimiento español no es lo más sencillo del mundo, ni lo más intuitivo, ni lo más accesible para el ciudadano y las posibilidades de meter la pata son muchas. Te lo diré varias veces en el texto; si tienes que llegar al juicio verbal o lo haces de una forma muy aséptica y distante, o te conviene contratar a un abogado. En el próximo capítulo lo veremos con detalle y lo entenderás.

En resumen...

Este ha sido un capítulo un poco más largo y detallado que los anteriores, lo que es normal porque es el meollo del asunto. Una demanda monitoria es un recurso bastante asequible para reclamar facturas impagadas y, como has visto, no es que sea muy complicado.

El problema es que en nuestro país no hay una labor de divulgación y cultura por parte del gobierno y las asociaciones profesionales y la gente no sabe que existe, cómo funciona o cómo ejercerlo, por lo que el miedo a lo desconocido o la incertidumbre de los posibles gastos desalienta a muchos.

Podemos resumir lo que te he contado en los siguientes puntos:

* El proceso monitorio no es un juicio, sino un requerimiento de pago judicial. No hay vista oral y se trata de un procedimiento rápido, ágil, sencillo y económico para que la gente pueda reclamar deudas dinerarias.

* Los requisitos del proceso monitorio son cuatro: que la deuda sea dineraria (en dinero), líquida (una cantidad concreta), vencida (haya pasado la fecha de pago) y exigible (se cumplan las contrapartidas para reclamarla).

* No hay límite teórico en la cuantía de la demanda monitoria. Teniendo en cuenta que este libro está dirigido a personas que quieren reclamar facturas de poca cuantía por sí mismos, hay un límite práctico de 2.000 €. Este límite no viene impuesto por el procedimiento monitorio, sino por el juicio verbal que le puede suceder, al que sólo puedes acudir por ti mismo si la demanda no supera esa cantidad. Si no tienes problemas para contratar un abogado, entonces no hay límite, porque desaparece esa restricción.

* Tienes un máximo de cinco años para reclamar cualquier deuda comercial o "contractual". Pasado ese plazo, puedes dar el dinero por perdido. Es lo que se llama "prescripción de la acción" o consolidación de los hechos.

* Aunque es posible reclamar intereses, a menos que sea una deuda muy elevada, la inflación se haya disparado, hayan pasado unos años o las tres cosas juntas, no te conviene pedirlos en esta fase del proceso.

* El juzgado ante el que tienes que presentar la demanda no es el de tu localidad de residencia ni donde ejerces la actividad económica, sino donde reside el deudor, ya sea un profesional independiente o una empresa.

Cap. 3. La demanda monitoria

* La redacción de la demanda es muy sencilla, ya que sólo tienes que seguir los pasos indicados en el modelo que el Ministerio de Justicia incluye en la plantilla de su sitio Web.

* La presentación de la demanda tiene que hacerse imprimiendo tres copias, con las que adjuntas la factura que reclamas y el poder de representación de la empresa, si es que actúas en nombre de una sociedad. Llevas esta documentación al registro general o al juzgado decano de la localidad que corresponda, y te devolverán de inmediato una de las copias selladas, como prueba de presentación.

* Si la demanda cumple todos los requisitos legales, el secretario judicial abrirá pieza, asignándole un número, y mandará una diligencia a las dos partes para informar de este hecho y requerir al deudor a que responda en veinte días hábiles.

* El deudor sólo tienes tres opciones: pagar, oponerse o no contestar. Si paga, has resuelto el problema. Si se opone, el procedimiento se transforma en un juicio verbal. Si no contesta, el juzgado le condenará al pago y, si insiste en ignorarlo, se iniciará la ejecución forzosa, con embargo de cuentas.

Como ves, a medida que avanzamos en el método que te estoy contando hay más y más posibilidades de que cobres la factura impagada. Has podido conseguirlo en varias ocasiones en la fase de negociación extrajudicial y aquí hay dos de los tres escenarios que te benefician.

Nos queda por ver el peor escenario: el juicio verbal. Es desagradable, va a durar tiempo y no es seguro que cobres, pero es un recurso que hay que conocer y saber utilizar, porque no puedes renunciar a cobrar las deudas por miedo a la ley o al procedimiento judicial. Creo que, si me dejas que te lo explique, verás que tienes bastantes opciones de ganar y resolver el problema. Vamos con ello.

Capítulo 4
El Juicio Verbal

Si todo lo anterior no ha funcionado, si la persona o la empresa que te deben el dinero no atienden a las peticiones amistosas y se oponen a la demanda monitoria, ha llegado el momento de utilizar el último recurso y entrar en el juicio verbal. Te aseguro que es algo que debes evitar a toda costa. Yo los hago continuamente y a veces sigue siendo desagradable, aunque he llegado a asumir que es como los análisis de sangre: no me gustan, pero tengo que hacerlos porque es la única forma de saber cómo estoy. No me entusiasma presentar demandas, pero ese sentimiento no me va a impedir defender mi negocio con las herramientas más adecuadas. Así que cuando antes aprendas a afrontarlo correctamente, mejor para ti.

En mi caso, he tratado de convertirme en un experto en afrontar el juicio verbal de menor cuantía. La solución a reclamar deudas por este procedimiento no es evitarlo, ni reservarlo a casos excepcionales, sino adquirir tal soltura, perderle el miedo de tal forma que, cuando llegue el momento de usarlo, no tengas ningún problema. No quiero hacerlo, pero, si me llevan a ello, no voy a dudar ni un instante en cómo hacerlo lo mejor posible.

Mi sugerencia es que hagas algo parecido, porque una de las razones más habituales que pone la gente para no reclamar una deuda es el temor a tener que llegar a juicio, por los gastos, por el mal trago, por los retrasos, por la incertidumbre y por tener que perder una mañana en ir al juzgado. Todo eso son excusas para justificar que son situaciones desagradables. Pero si le tienes miedo, no lo harás bien.

Tienes que considerar las siguientes páginas como una visita guiada en la que alguien va a señalarte los peligros, problemas, trampas, vías de escape y soluciones. En caso de que tenas que hacerlo, no entrarás en un terreno desconocido, que te imponga mucho más respeto y nerviosismo del necesario.

Una última advertencia. Lo que viene a continuación no es un estudio técnico o doctrinal del juicio verbal, dirigido a profesionales, sino un comentario dirigido a personas ajenas a la profesión jurídica para acercarles una herramienta de nuestro ordenamiento que puede ser de utilidad en la resolución de conflictos, como en este caso es la reclamación de facturas impagadas.

En caso de duda, SIEMPRE tienes que consultar con un abogado colegiado, que te oriente en las particularidades de tu caso concreto. Usa este capítulo, de nuevo, como una guía y no como una receta que debas seguir paso a paso.

Características del juicio verbal

En nuestro ordenamiento hay distintas clases de juicios, entendiendo como tales aquellos procesos en los que las partes acuden ante el juez para que éste resuelva una disputa. Hay juicios rápidos, ordinarios, contencioso-administrativos, laborales... y verbales.

La definición más sencilla que puedo darte es que el juicio verbal es uno que se ha diseñado para resolver aquellas cuestiones que, por su simplicidad o escasa cuantía, permiten un proceso más sencillo o

Cap. 4. El juicio verbal

ágil que el resto de opciones disponibles. De hecho, en las demandas de cantidad está limitado a 6.000 €.

Este límite es distinto del que he venido comentándote hasta ahora, de 2.000 €. Los 6.000 € se refieren al límite por encima del cual tendrías que acudir al juicio ordinario, con una tramitación más compleja. Los 2.000 € se refieren al límite por encima del cual tendrías que actuar con abogado y procurador.

El juicio verbal es muy simple porque apenas tiene unos cuantos pasos:

* Admisión, que es el acto del secretario judicial por el cual, tras comprobar que se cumplen los requisitos, se abre la pieza.

* Alegaciones del demandado, que es la oportunidad que se le da a la parte contraria para que alegue lo que considere conveniente, por escrito.

* Citación a la vista oral y celebración de la misma, que es opcional.

* Resolución y sentencia, que es el momento en que el juez, tras haber oído a las partes, toma una decisión y emite su sentencia.

La ejecución forzosa, en caso de que condenen a la otra parte y ésta no cumpla con lo ordenado, es un procedimiento independiente y que tiene su complejidad. De hecho, he preferido dejarla fuera del alcance de este libro porque si llegas a ese punto entonces sí que te conviene hablar con un abogado y que lo lleve él. Las costas de la ejecución se pueden reclamar aparte y con una sentencia firme las cosas son mucho más viables, a menos que el deudor haya quebrado, en cuyo caso te conviene ir lo más rápido posible al concurso de acreedores, que de nuevo es necesario que hagas de mano de un abogado.

Así que tenemos un procedimiento breve, simplificado y reservado a controversias de poca entidad. Algo muy curioso es que este procedimiento empezó llamándose "verbal" para reservarlo, precisamente, a problemas más sencillos en los que predominara la parte declarativa ante el juez, en lugar de un intercambio inacabable de diligencias y papeleos, y la reforma de la Ley de Enjuiciamiento Civil de 2015 ha dejado esa vista oral como algo opcional.

Es decir, es muy posible que recorras todo el procedimiento y nunca veas una sala del juzgado. Por paradójico que te resulte, eso te conviene y es lo que tienes que intentar que ocurra. En un momento te explicaré por qué.

Transformación de la demanda monitoria

Una ventaja de acudir al juicio verbal por el camino que te estoy señalando es que no tienes que presentar la demanda, porque su tramitación es una consecuencia de haber finalizado el proceso monitorio con la oposición de la parte contraria. De los tres escenarios posibles (allanamiento, oposición o no contestación), la oposición cierra automáticamente el monitorio y el secretario judicial procede a "transformarlo" en un juicio verbal u ordinario, en función de la cuantía. Como aquí siempre hablamos de demandas por menos de 2.000 €, la transformación siempre será en un juicio verbal.

Una de las características del juicio verbal es que se inicia mediante demanda sucinta, que es un tipo de demanda en la que no se exigen las formalidades y el detalle de la demanda ordinaria. Puede escribirla

Cap. 4. El juicio verbal

casi cualquier persona con un mínimo de cultura, usando el formulario que el Ministerio de Justicia tiene en su página Web, igual que pasaba con la demanda monitoria.

Pero en la transformación esto es aún más fácil porque ni siquiera hay que presentar la demanda. Es el propio acto de transformación, por parte del letrado de la administración de justicia (el secretario judicial) el que cumple las funciones de la demanda.

Así que, unos días después de que la parte contraria presente su escrito de oposición, te llegará una carta del juzgado en forma de "decreto". En este documento se te informa del cierre del proceso monitorio y la apertura del juicio verbal, acompañado de una copia del escrito de oposición de la parte contraria. Y esta es una de las grandes ventajas que tienes en el procedimiento, porque puedes examinar su argumentación con tranquilidad y responder lo que consideres conveniente. Y eso es algo que te interesa.

Es mucho mejor gestionar estos conflictos con la tranquilidad de estudiar lo que dice la parte contraria por escrito, que enzarzarte en discusiones por teléfono durante semanas, meses o años. Todas las excusas que pueda darte durante ese tiempo aquí ya no tienen cabida. Lo que le diga al juez en su escrito de oposición es lo que vale.

El trámite de transformación viene seguido de un emplazamiento, de nuevo a los pocos días, para que te persones en el juzgado y contestes al escrito de la parte demandada. Es decir, que des réplica a las razones que haya puesto la otra parte para justificar el impago.

Cuando te llegue el documento, fíjate en que, aunque viene del mismo juzgado y posiblemente del mismo secretario judicial que hizo los trámites de la demanda monitoria, ha cambiado de tipo de procedimiento y de número. Eso se debe a que son procesos distintos, aunque vinculados. Es importante que te fijes y que no te equivoques al contestar.

Contestación a la oposición

Lo que viene a continuación es, al mismo tiempo, la mejor oportunidad que tienes de ganar el juicio y la mayor oportunidad que tienes de perderlo por completo. Enfrentado a un papel en el que puede decir lo que quiera, la mayoría de las personas (incluidos muchos abogados con poca experiencia) se extienden en larguísimas parrafadas en las que quieren tener razón.

Le cuentan su vida al juez, lo injusta que es la situación, los problemas que le ha ocasionado, lo mala que es la persona que no les ha pagado, los signos que ya daba de niño cuando maltrataba a gatitos y sus padres le negaban la suscripción a una ONG de lucha contra el cambio climático. Si hay una situación en la que cuanto menos abras la boca, mejor para ti, es esta.

Es proverbial una anécdota que a casi todos los que hacemos la carrera de Derecho nos cuentan o hemos vivido, que más o menos viene a ser que algún profesor (normalmente de Procesal o Civil) te dice un día: *"para ganar un juicio tiene que ocurrir tres cosas: primero, que tengas razón; segundo, que sepas decir que tienes razón; tercero que te den la razón. Bien, el cliente muchas veces no tiene razón, así que por ahí empiezas mal. Que el juez te dé la razón es algo que no depende de ti. Así que tienes que poner todos los esfuerzos en*

Cap. 4. El juicio verbal

la parte de en medio, que consiste en decir lo mejor que puedas que tienes razón."

La mejor forma de decir que tienes razón en estos casos es dejar que los documentos hablen por sí mismos. No hay nada que puedas añadir a esa narración que te beneficie. Los retrasos, la mala fe, los problemas, las deudas derivabas o la historia del deudor, no tienen nada que ver con el simple hecho de que hay una factura dineraria, líquida, vencida y exigible que estás reclamando, así que cíñete a eso. Todo lo demás que alegues será ruido que le hará más difícil al juez entender lo que le cuentas.

Tu objetivo al contestar a la oposición de la parte contraria es que sea tan evidente y simple que tienen que pagarte que el juez, o cualquier persona que estudie el caso, llegue a esa conclusión por sí mismo. Tu fuerza debe estar en la documentación que has acumulado y que vengo indicándote cómo conseguir desde el principio. Por eso te he dicho tantas veces que no cojas el teléfono y lo pongas todo por escrito. Hay un momento en que tienes que empezar a preparar una eventual demanda y luego no podrás volver atrás en el tiempo.

Un escrito de contestación a la oposición del demandando debe ser algo como esto:

"Al Juzgado de 1ª Instancia Nº189 de Madrid

Ref: Juicio Verbal (250.2) 3467/2021

Dña. Elisa Smith, con domicilio a efecto de notificaciones en la calle North Boulevard, número 267, piso bajo, de Oregón de Ardoz, con número de teléfono 555-55-55, en nombre y representación de la mercantil Smith Enterprises, personada en la presente pieza como demandante, y acreditada su representación mediante poder bastante ya aportado, ante el Juzgado comparezco y, como mejor proceda en Derecho, DIGO:

Que con fecha del 14 de Junio del corriente he sido notificada de la apertura de juicio verbal con el número de referencia, en cantidad de 1.200'00 € (MIL DOSCIENTOS EUROS) contra Acme Wedding Services Inc. con origen en los autos del procedimiento monitorio 4102/2020 resuelto ante este mismo juzgado.

Siendo requerida a comparecer y contestar en el plazo de 10 días, mediante el presento escrito vengo a atender dicho requerimiento, ratificando la demanda de cantidad en la cuantía señalada por el cauce de juicio verbal, en base a los siguientes

HECHOS

Primero. Que entre los días 10 y 19 de Diciembre de 2020, la empresa a la que represento prestó distintos servicios al demandando, de acuerdo al presupuesto 189/2020 de 25 de Noviembre, aceptado por su representante (doc. 1).

Segundo. Que con fecha de 25 de Diciembre de 2020 se libró la correspondiente factura con número ER-9912001Y6X, por importe de 1.200 €.

Tercero. Que dicha factura tenía fecha de vencimiento el 25 de Enero de 2021, sin que al llegar esta fecha se verificase el pago de la misma mediante transferencia bancaria o cualquier otro medio.

Cap. 4. El juicio verbal

Cuarto. Que a lo largo de las siguientes semanas se realizaron diversos intentos de contactar con el administrador del demandado, solicitando información sobre el impago y ofreciendo diversas oportunidades de resolución amistosa, sin éxito.

Quinto. Que con fecha de 30 de Febrero de 2021 se remitió un requerimiento por burofax a la parte contraria, recapitulando lo ocurrido y otorgando un último plazo de una semana para alcanzar una resolución amistosa, de nuevo sin éxito.

Sexto. Que en ningún momento ha podido aportar la demandada evidencia o testimonio alguno que cuestione la calidad o realización de los servicios prestados.

En atención a lo expuesto, PIDO AL JUZGADO

Que se condene a la parte demandada a pagarme la cantidad de 1.200'00 € más el interés legal desde el requerimiento de 30 de Febrero de 2021, así como el abono de las costas procesales.

Dada la naturaleza documental de la controversia, esta parte no estima necesario la celebración de vista oral, solicitando que se dicte sentencia sin más trámite.

Lo que es Justicia, que solicito en Madrid a 16 de Junio de 2021.

Firmado: Elisa Smith"

Esto es lo mejor que puedes responder. Breve, conciso, limitándote a enumerar una serie de evidencias documentales que has ido creando y que forman una secuencia de hechos de la que se desprende, inevitablemente, que tienes que cobrar. Todo lo que se aparte de esto, no te interesa. Despista al juez y le hace el juego a la parte contraria.

Claro, esto es válido si de verdad no ha habido problemas, hiciste el trabajo o entregaste el pedido correctamente y la parte contraria no tiene nada serio que alegar. Si las cosas no están tan claras, si es discutible que entregases a tiempo o lo que se había pedido, si la calidad del trabajo no fue buena, entonces no es que puedas perder el juicio verbal, es que no tenías que haber presentado la demanda monitoria.

Recuerda que uno de los requisitos es que la deuda sea "exigible"; es decir, que tengas derecho a reclamarla porque se hayan cumplido las condiciones para ello, lo que incluye que el trabajo se realizó o el suministro se entregó adecuadamente.

Verás que el texto es bastante sencillo de entender y la estructura del texto no es muy complicada. Adaptar esta plantilla a tu caso particular no es difícil y la mayor diferencia puede estar en que actúes en tu propio nombre, como autónomo, y no en representación de una empresa. En ese caso, en el primer párrafo pones lo siguiente:

"Dña. Elisa Smith, con domicilio a efecto de notificaciones en la calle North Boulevard, número 267, piso bajo, de Oregón de Ardoz, con número de teléfono 555-55-55, en nombre y representación propia, personada en la presente pieza como demandante, ante el Juzgado comparezco y, como mejor proceda en Derecho, DIGO:"

Si te has fijado en el punto quinto, verás que pongo una fecha imposible. Ya sé que no hay día 30 de Febrero. Siempre que puedo pongo datos un poco absurdos, como un juzgado que no existe o un número de juicio imposible de alcanzar, para evitar que un ejemplo pueda convertirse accidentalmente en una referencia a casos reales.

Cap. 4. El juicio verbal

La vista oral

No hay páginas en el mundo para que pudiera repetir las veces suficientes que no te interesa para nada acudir a la vista oral, si no vas asesorado por un abogado. Y, aun así, tampoco es que te venga muy bien la mayor parte de las veces. Si quieres gestionar todo esto por tu cuenta, tienes que mantener las cosas bajo control y cometer el menor número de errores posible. Y no es porque seas tonto o no puedas explicar lo que ha pasado, sino porque incluso las personas con más experiencia pueden cometer errores y muchos abogados tienen problemas con la vista oral.

En nuestro país, además, hay poca tradición de formar a los profesionales del Derecho en la oratoria en sede judicial, se hacen pocas o ninguna práctica durante la carrera y hay muy pocos libros sobre el interrogatorio o el contra-interrogatorio de parte en el proceso civil. Una situación muy distinta a la que se vive en otros países.

Parte de todo esto se debe al hecho de que tenemos un enfoque de la justicia, un tipo de proceso, muy garantista, muy rígido en sus formas y muy apegado a la documentación escrita, que no permite excesos ni espectáculos como los que ves en las series y películas americanas de juicios.

Si, tras presentar la contestación a la oposición del demandado, te llega una notificación del juzgado señalando una fecha de juicio, porque la otra parte o el juez así lo han pedido, date por muerto. Olvídate de la escena de Algunos Hombres Buenos en la que Daniel Kaffee acorrala al coronel Nathan R. Jessep para que se derrumbe y termine admitiendo frente al jurado que él ordenó el Código Rojo. Olvídate de todos los episodios de Ley y Orden en los que aparece un testigo sorpresa que salva la situación en el último momento. Nada de eso va a ocurrir en la vista oral de un juicio verbal en un juzgado de primera instancia español. Vamos, ni español ni de ningún sitio.

Lo que va a pasar es que te va a llamar el secretario para que entres, te pedirán el DNI para acreditar tu identidad y el juez preguntará si las partes han llegado a un acuerdo para resolver la controversia. Como va a ser que no, puede que os pida que hagáis una exposición de los hechos o puede que no, que he visto de todo.

En teoría puedes preguntar a la parte contraria, pero en la práctica he visto jueces que se saltan ese trámite y, aunque puedas hacerlo, lo más probable es que te rechacen las preguntas por improcedentes. El arte del contra-interrogatorio, enfrentar a la parte contraria con sus propias incongruencias, es muy complejo y requiere mucha práctica. La mayor parte de las preguntas que se te pueden ocurrir se van a considerar capciosas, porque llevan implícita la respuesta en el enunciado o porque inducen a una respuesta.

En muchas ocasiones lo que dices ya está en la documentación y, en el procedimiento español, no se ratifica lo que ya está por escrito, más allá de verificar si esta firma es tuya o de otra persona. Si está en la documentación, ya obra en la pieza y, por tanto, es redundante. Lo curioso es que eso, que en teoría es algo negativo, debe ser tu punto fuerte.

Fíjate cómo hemos conducido todo el asunto desde el principio: requerimiento, factura, requerimiento, burofax, demanda monitoria, alegaciones. Todo por escrito. Debes demostrar que tienes razón por el simple examen de las evidencias documentales que has ido creando

Cap. 4. El juicio verbal

por el camino, no porque te enzarces en una disputa de patio de colegio con la parte contraria. Los documentos son difíciles de rebatir; las broncas no sirven para nada.

Por eso es por lo que, en el apartado anterior, en la contestación a la oposición, te decía que renuncies a la vista oral. Si la otra parte no lo pide, el juez tiene todo lo que necesita para dictar sentencia y el proceso se acelera. Si pides una vista oral, añadirás dos o tres meses a la resolución del caso y eso no te interesa. Si has hecho todo como te he dicho, ofrecerás al juez un caso sólido y bien argumentado, que es lo que tienes que hacer.

Si, por alguna casualidad, la otra parte pide la vista oral lo único que tienes que decir es:

"No, señoría, no hemos llegado a un acuerdo de resolución". Eso, cuando te pregunten.

"No, señoría, no tengo nada que preguntar a la parte contraria. Me ratifico íntegramente en la demanda original y en la prueba documental ya aportada". Eso, si te preguntan algo más.

Y se acabó.

Si la parte contraria te pregunta, no seas sarcástico, no des réplicas, no discutas, no protestes. Haz todos los esfuerzos posibles por responder "sí", "no" y con cifras y fechas si es posible.

- ¿Pero no es cierto que no entregaron a tiempo el pedido?

- No. Se entregó el 18 de Diciembre de 2021, como figura en el albarán de entrega.

- Bueno, pero faltaban cosas - (la pongo, pero el juez no creo que la admitiese).

- No, no faltaba nada, como indica la aceptación del albarán.

Y así con todo. Escueto, breve, a los hechos, con números y poco más.

La sentencia

Tanto si tienes que pasar por la vista oral como si no, al cabo de unas semanas, o un par de meses como mucho, te llegará la sentencia del juzgado que puede ser positiva (estiman la demanda) o negativa (desestiman la demanda). En el primer caso, has ganado y la parte contraria tiene que pagarte varios conceptos:

* La cuantía principal de la demanda, que es el dinero que has pedido y que aparecía en la factura.

* Interés legal o judicial. Hay una diferencia importante. El interés "legal" es el que aparece en los presupuestos generales y que en los últimos años está en torno al 2/3%. El interés "judicial" es el anterior, más un 2% fijo. La sentencia debe indicar desde cuándo se calcula ese interés y, si no lo pone, es legítimo asumir que se cuenta desde la fecha del requerimiento por burofax.

* Costas que, como te he dicho antes, son los gastos jurídicos en que has incurrido. Normalmente se piensa en el abogado y el procurador, pero en realidad engloba todo lo que hayas tenido que gastar, como el burofax.

Si la sentencia es desestimatoria, no te tienen que pagar nada, pero quizás seas tú el que le tenga que pagar las costas a la parte contraria.

Cap. 4. El juicio verbal

Aquí hay una buena noticia y es que, como la intervención de abogado y procurador es opcional, no te pueden condenar a pagar esos gastos. Cuidado que ésto sólo es válido para los juicios por debajo de 2.000 €. Por encima de esa cifra, como la intervención letrada NO es opcional, entonces la condena en costas al que pierde sí que incluye esos conceptos.

En todo caso, hay un límite establecido en la Ley de Enjuiciamiento Civil por el que no te pueden imponer unas costas que superen un tercio de la cuantía de la demanda. Tenlo en cuenta si presentas una demanda por más de 2.000 €.

En caso de ganar, lo que toca ahora es reclamar el pago. Lo normal es que la parte condenada pague nada más recibir la sentencia, consignando el dinero en la cuenta del Juzgado. En cierto tipo de demandas, yo suelo incluir el número de cuenta para que me hagan la transferencia, lo cual es posible. Pero en estos casos, como vienes de un monitorio, el único momento en que podrías pedirlo es en la contestación a la oposición de la parte contraria y no suelen prestarle atención.

Lo más normal es que te manden un mandamiento de pago y que, con eso, te acerques a la sucursal bancaria del juzgado para que te lo abonen.

Otra cosa que puedes hacer es adelantarte. Según recibas la sentencia puedes enviar un correo electrónico a la parte contraria, pidiéndole que te haga el ingreso. Por ejemplo, algo así:

"Estimado Frank:

Como posiblemente te hayan comunicado ya, el Juzgado Nº189 dictó sentencia el pasado 20 de Julio, por el que se os condenada al pago de la factura ER-9912001Y6X, por valor de 1.200 €, intereses y costas. Te adjunto un desglose de estos conceptos:

* Principal: 1.200 €.

* Costas: 27'30 € (burofax).

* Interés judicial del 30 de Febrero al 20 de Julio de 2021, 146 días al 5%, 24'00 €

* En total, 1.200 + 27'30 + 24'00 = 1.251'30 €

Te ruego que, en el plazo máximo de una semana, me hagas llegar por este medio el comprobante de la transferencia a mi cuenta X6790-0010-8299-276E. En caso contrario, y dado que la sentencia es firme, iniciaría el procedimiento de ejecución forzosa.

Un saludo y quedo a la espera de tus noticias."

Eso es suficiente. No te regodees, no hagas referencia a lo que ha pasado o lo que pudo pasar. Este es un mensaje que es posible que tengas que mandar al juzgado, si llega el caso de tener que solicitar la ejecución forzosa, y tiene que ser lo más aséptico posible.

Como puedes ver, es importante que desgloses el cálculo del interés legal. Por un lado, te hará más fácil obtener la cifra final. Por otro, dejarás más claro el proceso por el que has llegado a esa cifra tanto a la parte contraria, como al juzgado si tienes que llegar a solicitar la ejecución forzosa.

El interés legal cambia todos los años, por lo que no puedes hacer un cálculo absoluto entre el primer y el último día, especialmente si han transcurrido varios años, sino ver año por año el número de días que corresponden. Para ello puedes usar dos recursos. Por un lado, el

Banco de España publica en su página Web una tabla con el interés de los últimos veinticinco años. Puedes encontrarla en la siguiente dirección:

https://clientebancario.bde.es/pcb/es/menu-horizontal/productosservici/relacionados/tiposinteres/guia-textual/tiposinteresrefe/Tabla_tipos_de_interes_legal.html

Por otro lado, hay algunas páginas que te pueden ayudar a obtener la cifra, porque incluyen calculadoras para ello. Haz una búsqueda en Internet con las palabras "calculadora interés legal" y seguro que encuentras dos o tres.

Llegado a este punto, lo normal es que te paguen en unos días, que era el objetivo desde el principio.

Un último detalle. En los juicios cuya cuantía sea inferior a 3.000 € no es posible interponer recurso a la sentencia. Sea cual sea el resultado, esa es la decisión final y no podrás protestarla, como tampoco podrá hacerlo la parte contraria. Puede parecer perjudicial, pero tiene una ventaja y es que la sentencia adquiere firmeza inmediata y puedes solicitar su ejecución voluntaria o forzosa tan pronto como la notifiquen a la parte contraria.

El allanamiento

Hay un posible desenlace adicional que no he contemplado hasta ahora y que es, precisamente, el que corresponde al ejemplo que te puse al principio del libro. En ese caso, la empresa a la que demandé me pagó antes de que se produjera la sentencia. En cuanto vieron la contestación a la oposición y que tenía las actas de asistencia de los alumnos firmadas, mensajes de correo electrónico quejándose por la cancelación del curso, el presupuesto, la factura y los mensajes con promesas de pago incumplidas, hicieron el ingreso en menos de una semana. Eso no les libró de los intereses y la condena en costas, pero aceleró las cosas.

Lo que quiero transmitirte con esto es que la mejor forma de afrontar este tipo de incidencias es documentar todo lo que haces y actuar con rapidez.

El allanamiento puede producirse en cualquier momento previo a la sentencia y es el acto por el que la parte demandada reconoce que el demandante tiene razón y accede al pago de la factura pendiente.

Hay ocasiones, como esta que me pasó a mí, en que la otra parte cree que puede jugar precisamente a lo que te decía que no te interesa en la vista oral: marear las cosas, discutir en la vista oral, alegar que el trabajo no fue tan bueno. Pero llega un momento en que, si se enfrentan a un caso sólidamente documentado, no hay nada que hacer.

En resumen...

En este capítulo hemos visto el último paso del proceso, que corresponde al juicio verbal, cuando todo lo anterior no ha servido para cobrar la factura. Es algo que debes evitar pero que, no por ello, debes descuidar o tener miedo. Los puntos más importantes son los siguientes:

* El juicio verbal es un procedimiento reservado a controversias de poca complejidad o menor cuantía, en el que destaca su simplicidad y agilidad.

Cap. 4. El juicio verbal

* El juicio verbal se inicia de forma automática en caso de que la parte contraria se oponga al monitorio, por lo que no tienes que preocuparte de presentar otra demanda. En algún momento, te llegará el decreto de transformación.

* Cuando el juzgado notifica al demandado que se abre la pieza, éste tiene diez días hábiles para contestar y oponerse.

* En cuanto el juzgado reciba la contestación del demandado, te mandará una copia para que hagas las alegaciones que consideres convenientes. Intenta ser breve y ceñirte a una exposición de hechos que puedas acreditar con los documentos que has ido reuniendo.

* La vista oral es opcional y, si no vas asistido de abogado, es mejor que la evites. Lo más probable es que cometas errores y en todo caso sólo servirá para retrasar el procedimiento.

* Tras recibir tus alegaciones, y la eventual celebración de vista oral, el juzgado emitirá la sentencia en un plazo de unas pocas semanas, aunque esto depende mucho de la población y la carga de trabajo que tenga.

* La sentencia puede ser positiva, negativa o parcial, aunque tratándose de una reclamación de cantidad por una factura, ésta última posibilidad es muy remota.

* Dado que en los pleitos por debajo de 3.000 € no es posible interponer recurso a la sentencia, ésta es firme de inmediato y puedes solicitar su ejecución tan pronto como la comuniquen a las dos partes.

* Un posible resultado alternativo es que la parte demandada se allane a la petición de pago. A veces ocurre que el contrario se resiste al juicio monitorio, dando lugar a la apertura del juicio verbal, y luego se allana. Es raro, pero puede ocurrir si ve en tu contestación que tienes las cosas bien documentadas.

Con este capítulo hemos terminado el proceso de recuperación de deuda mediante el procedimiento monitorio. A continuación, voy a proponerte algunas ideas para prevenir estas situaciones y que vayas mejorando poco a poco tu gestión de cobros y facturas impagadas.

Cap. 4. El juicio verbal

Capítulo 5
Prevención y mejora continua

La mejor forma de gestionar un impago es evitar que se produzca. Esto puede parecer una perogrullada y a lo mejor piensas que no está en tu mano, pero hay una serie de medidas que puedes tomar para prevenirlo, para reducir las posibilidades de que ocurra. Puedes ir del punto A al punto B por un terreno llano o por un acantilado sin barreras. En el primer caso, las posibilidades de caerte al vacío son nulas y, en el segundo, bastante elevadas.

La prevención es una forma de afrontar los riesgos. Se alimenta de la experiencia, por lo que está íntimamente ligada a la mejora continua de procesos. Así que lo que tienes que hacer, igual que en las páginas anteriores has ido definiendo un proceso de cobro de facturas impagadas, es definir una serie de procesos de prevención.

Si la palabra "proceso" te echa para atrás, porque piensas en un exceso de burocracia y documentación interna, llámalo "buenas prácticas" de gestión. No tienes que empezar por sentarte a escribir un manual de procesos de doscientas páginas. Tendrás que hacerlo si quieres crecer más allá de los límites de un empleo por cuenta propia y crear un equipo o una empresa, pero puedes empezar con algo tan simple como incorporar estas sugerencias en tu gestión diaria y guardar este libro como guía de procesos.

Voy a exponerte estas sugerencias en el mismo orden en que ocurrirían en el ciclo de vida de tu relación profesional con clientes, empezando por el primer contacto y terminando por aquellas situaciones en que has tenido que recurrir a la demanda monitoria o el juicio verbal para poder cobrar una deuda.

Valoración de riesgo

Cuando empiezas a trabajar con un nuevo cliente, hay una serie de buenas prácticas encaminadas a determinar el umbral de riesgo que puedes aceptar. Imagínate que gestionas una empresa de piensos agrarios, te llama alguien que acaba de abrir una nueva granja en la zona y necesita un suministro. Te propone un servicio mensual para alimentar su ganado por valor de 7.000 € mensuales, con vencimiento a treinta días.

En este momento no tienes que valorar la oportunidad de mercado, pensando en esos 7.000 € como un beneficio que ya puedes incorporar a tu cuenta de resultados, sino como una inversión que se traduce en un pasivo en tus libros. Para atender esta "oportunidad" tienes que invertir en proporcionar ese suministro durante varios meses. Si pactas el pago a treinta días, eso quiere decir que el primer mes va a riesgo, el segundo mes va a riesgo y el tercer mes podría ir a riesgo si se retrasa el pago del primero. No ves ni un euro, al menos, hasta que no han pasado sesenta días, en los que has tenido que financiar el suministro de tu cliente.

Si el tercer mes no paga, es algo que no va a ocurrir de la noche a la mañana. Si haces lo que casi todo el mundo, entre llamadas, retrasos, mensajes que no llegan, transferencias que desaparecen y otros

Cap. 5. Prevención y mejora continua

incidentes, puedes acumular de quince a veinte mil euros de deuda acumulada.

Hay varias estrategias para afrontar esto. Una de ellas es no aceptar pagos diferidos a las cuentas nuevas. Otra de ellas es pedir el primer pedido por adelantado y reservar el beneficio como "fondo" para cubrir el riesgo de esa cuenta. Otra es pedir un porcentaje por adelantado y el otro a la entrega o a treinta días.

El problema de estas estrategias es que presentas una imagen suspicaz ante el cliente en el primer contacto. Alguien llama a tu puerta para hacer negocios y tú le dices a las claras que no te fías y que tiene que pagar por adelantado. No lo dices con esas palabras, pero lo dices con hechos.

En función del sector en el que te muevas, la competencia puede ser más o menos abultada y es muy posible que alguien acepte el riesgo a cambio de llevarse la cuenta, de forma que pierdes el cliente. No sabes si va a fallarte o no, pero lo pierdes, de forma que transformas un posible riesgo de impago en una segura pérdida de oportunidades de negocio.

Una forma sutil de hacer frente a este primer contacto es hacer una averiguación de crédito, que consiste en consultar el ratio de solvencia que tenga esa empresa. En vez de preguntar directamente si es de fiar o si tiene liquidez, puedes acudir a alguno de los servicios que ofrecen esta información. En cada país se elaboran a partir de distintos datos. Por ejemplo, en España se hace mediante el estudio de las cuentas anuales, presentadas cada año al finalizar el ejercicio.

No se mira tanto el volumen general de ventas, sino otros elementos como el flujo de caja, la relación de ventas sobre costes, los gastos fijos de personal y cosas semejantes. El resultado es una valoración de crédito, que te dice hasta qué cifra es razonable hacer operaciones comerciales con esa empresa sin riesgo de impago. Empresas como Axesor o Einforma ofrecen informes de análisis financiero con una estimación de riesgo.

La calidad de estos informes puede variar mucho y tienen un fallo intrínseco, ya que te dicen cuál era la salud financiera de la empresa cuando presentó las cuentas, no ahora. Dado que dichas cuentas se presentan en el año posterior al ejercicio y que tú lo consultas un tiempo después de ese acto, la información puede tener entre uno y dos años de antigüedad.

Pero es un punto de partida y te puede dar una idea de dónde situar el umbral de riesgo financiero. En el momento en que lo superes, puedes hacer dos cosas: o avisas al cliente de que ha ocurrido ese hecho y que te proporcione garantías adicionales o cortar por completo las operaciones hasta que se regularice la deuda pendiente.

Esto no tiene por qué ser agresivo. Dale la vuelta a la tortilla. Cuando aparezca un nuevo cliente no le digas "no te puedo dar crédito por encima de 3.000 €". Dile *"estamos muy contentos de iniciar operaciones contigo y queremos empezar dándote crédito hasta 3.000 €"*. Has hecho lo mismo, pero lo has presentado de una forma que te permite abrir la puerta cordialmente a la relación comercial.

Con esto no impides que se produzca un impago, pero reduces mucho las posibilidades.

Los límites de crédito y las valoraciones de solvencia se actualizan continuamente, así que no des por cerrada la estimación inicial y trata de ponerla al día una vez al año, por ejemplo, cuando se produzca el aniversario de la apertura de cuenta o justo después de que las cuentas anuales se actualicen en el registro mercantil.

Seguros de crédito y cobro

Lo anterior es válido en una escala de riesgo baja. Pero si mueves cantidades importantes de dinero, por encima de decenas o cientos de miles de euros, es mucho mejor que dediques un porcentaje de tu beneficio a establecer una estimación más profesional del riesgo, complementada con un seguro de cobro. Es decir, no te pongas tú a estudiar los informes contables atrasados, tratando de averiguar si la empresa es o no solvente; contrata a alguien que sea especialista en hacerlo.

Este servicio se suele presentar como un seguro de crédito o cobro. Es decir, contratas un seguro con una empresa especializada que te garantiza la cobertura de ese riesgo mediante una cuota mensual o una cuota más un suplemento por operaciones.

Este tipo de empresas hacen sus propios estudios de solvencia de forma rutinaria y se benefician de tener más fuentes de información, mejores herramientas de análisis, mejores indicadores de crédito y más objetividad que tú. Porque a ti lo que te motiva en este instante es abrir negocio, pero a ellos lo que les motiva es no tener que pagar la cobertura del seguro, así que van a ser muy cuidadosos en no aprobar operaciones que supongan un riesgo excesivo.

La ventaja es que conviertes un riesgo incierto (el impago de la facturación) en un gasto regular (la cuota del seguro), de forma que puedes hacer una previsión de ingresos y gastos más fiable y reducir el riesgo sobre tu negocio.

Los inconvenientes son dos: el primero es que acabas de añadir otro gasto a las cuentas de la empresa, que puede ir desde unas decenas de euros a cientos o miles, en función del volumen de negocio. Pero esa cantidad debería ser proporcional, precisamente, al volumen de negocio, así que se trata de valorar si te puedes permitir imputar ese gasto a tu margen de resultados y tener un beneficio un uno, dos o tres por ciento inferior al que tendrías sin esa cobertura.

El segundo inconveniente es que cedes una parte de la toma de decisiones de tu negocio a un extraño, porque a partir de que contrates el seguro ya no serás tú el que decida cuánto le vendes y a quién le vendes, sino la empresa de seguros. Y ellos hacen negocio contigo o sin ti. En cierta forma, les da igual que te arruines al cabo de un tiempo, porque cuentan con el movimiento del mercado para ganar y perder clientes continuamente. Para ellos es como gestionar un casino, juegan con los grandes números para tener beneficios de todos los clientes, sin importar que uno gane o pierda. Para ti es ir a la mesa de la ruleta, sólo tienes una oportunidad.

Podrías ignorar sus recomendaciones de crédito y aceptar ventas que superen los umbrales de riesgo recomendados por el seguro, pero entonces no estarás cubierto y tendrás todo lo malo y nada de lo bueno: estarás pagando un servicio que no puedes usar y tendrás el riesgo de impago.

Estudio de reputación

Puede parecer una tontería, pero algo que puedes hacer al iniciar tratos con un nuevo cliente es un estudio de reputación. Tradicionalmente, esto habría consistido en preguntar a la gente del barrio si tal

Cap. 5. Prevención y mejora continua

persona es de fiar, pero en los tiempos actuales, con una economía en continuo proceso de digitalización a través de Internet y un mayor distanciamiento geográfico entre los operadores, esto ya no es posible.

Hay dos formas en que puedes hacer un estudio de reputación. La primera es que hagas una búsqueda por Internet con el nombre de la empresa o persona con la que quieres hacer tratos, seguido de las palabras clave "estafa" o "problemas". En función de la experiencia que otras empresas hayan tenido con ese cliente puede que aparezcan trece millones de resultados o ninguno.

Otra posible fuente de información son los directorios profesionales, como Foursquare, Yelp, Tripadvisor o incluso Amazon. Cada empresa que tenga actividad en Internet, empezando por la tuya, es posible que esté en un directorio, que puede ser muy genérico o muy vertical, pero que siempre va a permitir a los usuarios dejar sus opiniones sobre los servicios prestados. Si el dueño de un restaurante te pide que le abras cuenta para darle suministros, pero en Yelp ves que las críticas son pésimas y que la gente dice *"este sitio ya no es lo que era"*, eso debe encender un montón de luces rojas en tu cabeza.

Lógicamente, este tipo de aproximación es muy subjetivo y tiene muchos agujeros, porque no estás consultando hechos, sino opiniones. Si alguien sale rebotado de una operación comercial, es muy probable que lo airee en todas partes y suelte pestes de la experiencia.

Hay un consenso general sobre la idea de que un mal cliente dispersa su malestar diez veces más que un buen cliente. Es una forma de decir eso que casi todos pensamos alguna vez y es que los clientes satisfechos no siempre dejan un comentario positivo en tu perfil, pero los insatisfechos lo ponen en todas partes.

La segunda forma de hacer esto es que aprendas a hacer estudios de reputación avanzados. Si buscas un poco por Internet, seguro que encuentras "aprende a cuidar la reputación de tu empresa" o "curso de reputación corporativa". Estos cursos y seminarios no te dicen cómo analizar a otras empresas, sino tu propio negocio. Pero lo que vale para estudiar tu actividad, vale para estudiar la de los demás.

Puedes sacar dos beneficios de esta pequeña inversión: aprender a valorar la imagen de tu negocio y coger pistas para mejorarla y, una vez que lo hayas hecho, aplicar esos criterios en el análisis de las oportunidades que se presenten. De nuevo, no es una medida absoluta contra el impago, pero te aporta más información y criterio para tomar decisiones, que es lo que necesita un buen gestor.

Preaviso de vencimiento

Una buena práctica, especialmente con facturas aisladas y no con suministros continuos, es mandar un aviso de vencimiento unos días antes de que llegue la fecha de pago. Por ejemplo, algo como esto:

"Estimado cliente. Le recordamos que el próximo 25 de Octubre vence la factura B78810029-J2021, por importe de 1428'40 €. Le rogamos que tome las medidas adecuadas para hacer frente al pago en la fecha prevista."

Como te digo, si tienes un cliente habitual que todos los meses te está haciendo pedidos, esto no es necesario, ya que se debería crear un ciclo de facturación, servicio y cobro continuos. Pero si se trata de ventas esporádicas, puede ser una buena práctica.

Intenta que los medios y condiciones de pago sean lo más cómodos posible. Por ejemplo, intenta poner en marcha un sistema de pago electrónico que permita pagar a través de un TPV virtual en tu página Web con tarjeta de débito o crédito. Es cierto que este servicio puede suponer una comisión adicional que tendrás que restar de tu margen de beneficio, pero calcula cuántas operaciones puedes perder o retrasar por no ofrecer estas facilidades.

De igual forma, siempre es mejor emitir un recibo por domiciliación bancaria que esperar a que te hagan una transferencia, que puede o no llegar. Si pactas un ciclo de facturación en el que la otra parte sabe que todos los días 30 se le pasa el cobro de los servicios de ese mes, crearás una rutina en la que la otra parte tiene que acostumbrase a tomar las medidas para hacer frente a sus pagos en esa fecha.

Uso de plantillas

La experiencia es muy importante y se puede aprovechar de muchas formas. A lo largo de este libro te he ido proponiendo algunas plantillas y ejemplos de mensajes que puedes usar en tus notificaciones y comunicados. Si cada vez que se produzca un impago tienes que pensar e improvisar lo que vas a decir, perderás el tiempo y dudarás sobre lo más efectivo. Incluso es posible que se te olvide decir algo importante, como esos detalles sobre incluir siempre el número de la factura vencida y su importe.

Haz un directorio de plantillas que puedas usar en cada una de las sucesivas fases de la reclamación. Puedes numerarlas, de acuerdo al orden en el que se van produciendo, o usar cualquier otro criterio que sirva para que las encuentres a la primera.

Esto tiene la ventaja adicional de que si tu negocio crece y tienes que incorporar a más personas que lleven la gestión comercial, todo el mundo usará las mismas plantillas y mandará los mismos mensajes. Puede que te parezca algo impersonal y mecánico, pero es la única forma de que tu negocio se comporte como un negocio. Es decir, que el resultado sea el propio de la marca que construyes y no de las circunstancias y la persona a la que en cada momento le toque responder a un mensaje. Lo primero crea seguridad en los resultados, mientras que lo segundo crea incertidumbre.

Da igual si se trata de un directorio de documentos de Word, una carpeta en Google Drive o una bandeja de formularios en los que hay que rellenar la fecha y los datos del destinatario. Lo importante es consolidar las buenas prácticas de tu negocio en torno a una herramienta reutilizable que te permita reaccionar sin dudas y asegurándote que dices lo que necesitas decir y preguntas lo que tienes que preguntar.

Mejora continua

Un último punto importante es que NADA de lo que has visto en este libro, de lo que te estoy sugiriendo o de lo que puedas encontrar y decidir por tu cuenta debe ser estático. Todo debe estar siempre en mejora continua.

La regulación del procedimiento monitorio o del juicio verbal pueden cambiar. Mañana puede aparecer un servicio financiero de gestión de impagados que te puede interesar. Un día puedes encontrar una forma de redactar los requerimientos extrajudiciales que te resulta más eficaz por las particularidades de tu forma de ser, tu negocio o la zona en donde desarrollas tu actividad. Cada cultura es distinta y, aunque casi todos pertenecemos al primer mundo industrializado, hay una

Cap. 5. Prevención y mejora continua

gran diferencia entre lo que un español, un alemán, un mexicano o un canadiense consideran agresivo o inadecuado.

Cuando empecé a contarte el método de cobro de facturas que te he explicado te dije que esto no era un procedimiento cerrado que tuvieras que seguir al pie de la letra, sino un conjunto de directrices. Es un método que sigue unas pautas concretas, pero son pautas, no obligaciones.

Yo te propongo que mandes tres requerimientos extrajudiciales, porque de esa forma das pie a que las primeras comunicaciones no sean agresivas y haya lugar a explicar un malentendido. Pero a lo mejor tú descubres que, en tu caso concreto, basta con dos o es mejor hacer cuatro. No lo sé. Haz aquello que demuestre que es más eficaz, pero recuerda que la eficacia no se mide por lo cómodo que te sientes cuando mandas el mensaje, sino en la rapidez con la que consigues cobrar las deudas y el porcentaje de facturas impagadas que se acumulan.

Si, en nombre de una supuesta eficacia, mandas cinco requerimientos en lugar de tres, porque te vendes a ti mismo la idea de que así eres menos agresivo, puede que lo que ocurra es que te pases cuatro meses esperando a que te pague alguien que ha desaparecido y que no tiene ninguna intención de liquidar la deuda. Los números no mienten y lo más importante es mantener la salud financiera de tu negocio, porque sin eso no puedes mantenerlo abierto y, tarde o temprano, afectará a la estabilidad de tu hogar.

En resumen...

Una vez que has resuelto el problema de cobrar las facturas impagadas, ha llegado el momento de aprender de la experiencia y poner todos los medios posibles para que esto no vuelva a ocurrir. Algunas ideas para conseguirlo son las siguientes:

* Haz un estudio de riesgo financiero de los clientes nuevos. Eso puedes conseguirlo consultando las cuentas que han publicado en el Registro Mercantil o solicitando un informe de riesgo a alguna de las empresas que ofrecen ese servicio por Internet.

* Cuando el importe de las operaciones suba de unos cientos o miles de euros, es muy prudente que consideres la contratación de un seguro de cobro. Puede que suponga un gasto, pero reducirá en gran medida el riesgo de impago.

* Los estudios de reputación pueden ayudarte a detectar amenazas y riesgos que no se ven estudiando un balance, ya que éstos suelen reflejar el estado de cuentas de un periodo anterior al actual. Un curso para aprender a valorar tu propia reputación, de los que puedes encontrar por Internet, te ayudará a identificar las claves a las que debes prestar atención.

* Otra buena fuente de información pueden ser los directorios profesionales o tiendas de comercio electrónico agregadas, como Amazon, donde los clientes pueden dejar valoraciones y comentarios sobre la actividad de tu cliente. Un exceso de quejas o un declive en la calidad del servicio pueden ser el aviso de una inminente tormenta financiera.

Cap. 5. Prevención y mejora continua

* En operaciones esporádicas, mandar un preaviso de la fecha de vencimiento unos días antes de la fecha de cobro puede ayudarte a prevenir impagos. De la misma forma, si pones medios de pago y condiciones que faciliten las cosas, reducirás las incidencias.

* Usa plantillas siempre que puedas. La primera vez que escribas una carta, haz una copia genérica que te sirva en el futuro. Te ahorras tiempo, te asegurarás de decir lo necesario y, si amplias el equipo de trabajo, podrás delegar estas funciones sin preocuparte de que se salgan del camino que te interesa.

* En general, asume una cultura de mejora continua en tu negocio, según la cual todo esté sujeto a revisión en base a la experiencia, para mejorar y pulir los procesos y herramientas que usas. Si algo revela ser más eficaz que lo que hacías antes, cámbialo.

Cómo cobrar facturas impagadas

Epílogo

Hemos llegado al final. Al empezar el libro te prometí un método que te permitiera tener diversas oportunidades de cobrar aquellas facturas que se hayan acumulado y tengas pendientes de cobro mediante un método que puedas seguir una y otra vez. La idea es llevar adelante una negociación progresiva en la que trates por todos los medios de conseguir una solución amistosa.

Al mismo tiempo, tiene que haber un momento en que digas "basta", hasta aquí hemos llegado. Tiene que haber un punto en el tiempo en que no permitas que la voluntad de conservar las relaciones comerciales termine siendo la misma causa de quiebra o ruina personal. Porque si bien es cierto que perder clientes puede llevarte al cierre del negocio, también lo es que no cobrar los trabajos termina en el mismo sitio, con el agravante de que habrás asumido la financiación y los costes de encargos y pedidos que no vas a cobrar.

Quisiera decirte que espero que no necesites nunca este libro pero, por desgracia, vivimos en una cierta cultura del impago en el que no todo el mundo asume la responsabilidad de sus acuerdos comerciales. Mi intención es ayudarte a conservar tu negocio y evitar que los problemas alcancen a tu hogar.

Muchas veces estos problemas se enquistan porque no es posible acudir a un abogado. Aunque quieran ayudarte, la situación económica puede hacer que no puedas permitírtelo y hay que encontrar una forma de salir de esa espiral negativa de quiebra inminente.

Usa este libro como una guía y no dudes en consultar siempre que tengas la oportunidad con un abogado. Seguir las directrices que aquí te he puesto ayudarán a que le lleves un caso mejor preparado y con más garantías de éxito.

Espero que el libro te haya sido de ayuda y, si quieres contactar conmigo, puedes hacerlo a través de redes como LinkedIn o en mi propio sitio Web. Siempre me gusta atender los mensajes, críticas y sugerencias de los lectores, que utilizo para las revisiones y ediciones ampliadas. Quizás haya alguna pregunta, algún punto o alguna idea que consideres importante incluir y será un placer atender esas sugerencias.

Publico con regularidad bastantes libros sobre tecnología, gestión de proyectos, emprendimiento y Derecho. Si te ha gustado este libro, quizás encuentres interesante alguno otro de los títulos que voy escribiendo.

Por último, si tienes un momento te agradecería que dejases una crítica o una opinión en la librería donde lo compraste, como puede ser Amazon, B&N, Apple Books o Kobo. Piensa en qué te habría gustado que te dijeran antes de comprarlo.

Gracias por haber confiado en mí para comprar este libro y recibe mis mejores deseos para que puedas mantener tu negocio activo y próspero muchos años. Un saludo:

Rafael Morales

Febrero de 2021

Lecturas recomendadas

A continuación, te comento algunos libros y guías que considero interesantes para ampliar los temas tratados en estas páginas.

Guía sobre el Procedimiento Monitorio

El Consejo General del Poder Judicial mantiene una breve guía en PDF, que puedes descargar de forma gratuita de su sitio Web. Son sólo siete páginas, pero siempre es la referencia más actualizada sobre este procedimiento y te aclarará algunas dudas que puedas tener.

Se puede descargar en la siguiente dirección:

https://www.poderjudicial.es/cgpj/es/Servicios/Atencion-Ciudadana/Modelos-normalizados/El-proceso-monitorio

Guía sobre el Juicio Verbal

Igual que el anterior, se trata de una pequeña guía de ocho páginas elaborada por el CGPJ, que puedes descargar gratuitamente. Al menos, échale un vistazo en la siguiente dirección:

https://www.poderjudicial.es/cgpj/es/Servicios/Atencion-Ciudadana/Modelos-normalizados/El-juicio-verbal-

El Proceso Monitorio en la Ley de Enjuiciamiento Civil

El libro que tienes en tus manos no es un tratado sobre el proceso monitorio, sino una guía práctica para reclamar facturas impagadas utilizando ese recurso judicial en un punto determinado y con unas restricciones claras. Si quieres saber más sobre el proceso monitorio, no puedo dejar de recomendarte esta estupenda obra de José Garberí Llobregat, que ya va por su cuarta edición y está actualizada sólo hasta 2012, por lo que no incluye los cambios de la Ley de Enjuiciamiento Civil de 2015. Aún así, este procedimiento no se vio demasiado afectado y me parece que sigue siendo una obra de consulta válida.

El libro es caro (más de 60 €), pero si consideras la enorme cantidad de jurisprudencia analizada y el estudio detallado que hace de todas y cada una de las excepciones y dudas más habituales que hay sobre este tipo de procedimiento, creo que ya no te lo parecerá tanto.

* ISBN: 978-8497908924

Epílogo y apéndices

Aviso legal

Yo no soy abogado y este libro no pretende ser una guía legal para resolver un problema específico. Tengo estudios de Derecho, pero no he querido orientar mi actividad profesional al ejercicio en los tribunales, sino a la implantación de sistemas de gestión en despachos jurídicos, tema sobre el que he publicado diversos libros.

Como administrador de sociedades y profesional autónomo durante casi tres décadas, he tenido que estudiar, preparar y realizar decenas de procedimientos de este tipo durante todos estos años, por lo que debes considerar esta obra como un comentario divulgativo en el que comparto contigo mi experiencia y las mejores prácticas que he acumulado.

Comprendo, porque me ha pasado a mí y a gente que conozco, que no siempre es posible afrontar los costes de una demanda legal con abogado y procurador. El legislador piensa lo mismo y por eso hizo posible que, en las demandas de cuantía inferior a 2.000 €, no sea necesaria la intervención de estos profesionales.

El problema es que esa posibilidad no se ve complementada con una labor de divulgación adecuada para que la gente pueda utilizar de forma eficaz este recurso y aquí es donde encaja esta obra, como guía y no como consulta específica.

Siempre que te lo puedas permitir, recurre a un abogado para consultar las circunstancias de tu caso específico. Es el profesional que mejor podrá recomendarte qué hacer en cada caso.

Cómo cobrar facturas impagadas

Agradecimientos

Siempre me gusta tener unas palabras de consideración y agradecimiento a esas personas que me ayudan desinteresadamente en el proceso de elaboración de un libro.

A mi mujer, que me aguanta y está ahí para leer cada capítulo que escribo, con interés y paciencia, proporcionando una corrección inmediata a cada uno de ellos.

A Hortensia, que hace las revisiones más completas, agudas, acertadas y constructivas que un escritor puede desear. Me sigue asombrando, y no puedo dejar de agradecer, la atención que presta a los detalles y la perspicacia de sus sugerencias.

Si alguna vez te decides a escribir un libro, busca gente así a tu alrededor; personas que te aprecien y no teman decirte lo que te conviene y no lo que quieres oir.

Muchas gracias ☺

Cómo cobrar facturas impagadas

Sobre el autor

Rafael Morales es empresario, asesor, conferenciante, formador y escritor, especializado en las áreas de tecnología, empresa y Derecho. Ha publicado numerosos trabajos sobre estos temas desde 1995, siendo autor *best-seller* en Estados Unidos en dirección de proyectos.

Es especialista en gestión por procesos, implantación de la Oficina de Gestión de Proyectos (PMO) y Gobierno de IT; está certificado en administración de sistemas informáticos, dirección de proyectos (PMP, PSM) y madurez corporativa (CMMI-A) y es miembro del PMI, IFMA y la AEC, entre otras asociaciones profesionales.

Si quieres ponerte en contacto con él, puedes hacerlo a través de su perfil en LinkedIn o Goodreads:

https://www.linkedin.com/in/rafamordor/

https://www.goodreads.com/rafaelmorales

Cómo cobrar facturas impagadas

Otras obras del autor

Fuera de colección:

* Gestión de tareas con Kanban. Una introducción a la gestión visual del trabajo.

* Fundamentos de BPMN. Una guía básica para el diseño de procesos.

* Organización de cursos profesionales. Siete claves para organizar acciones de formación más eficaces.

* Disrupción. Cómo encontrar, mantener y mejorar tu empleo en el mercado de trabajo digital.

Títulos de próximo lanzamiento:

* Diccionario de Gestión de Proyectos.

* Sprint Zero. Cómo inicializar proyectos ágiles con Scrum.

* Diseño de software con UML.

* Arechabala: La Verdadera Historia del Ron Habana Club.

* Estrategia para Abogados: El Procedimiento Monitorio.

En la colección Emprendimiento Ágil:

* Cómo cobrar facturas impagadas.

* Guía de Supervivencia Fiscal y Tributaria para Emprendedores.
* Cómo Constituir una Sociedad Limitada

En la colección LegalScrum

* Kanban para Abogados.
* LegalScrum, Parte 1: Legal Project Management.
* LegalScrum, Parte 2: Legal Service Management.
* LegalScrum, Parte 3: Legal Quality Management.
* Trello para Abogados (En preparación).
* Diseño de Servicios y Procesos Legales (En preparación).

En la colección Cuadernos de Consumo

* La reclamación por retraso en la devolución del dinero.
* La reclamación por molestias en espectáculos públicos.
* La reclamación en servicios de telefonía móvil.
* La reclamación por publicidad engañosa.
* La reclamación por defectos en el producto.

Copyright 2021 de Rafael Morales

Todos los derechos reservados por el autor. Queda expresamente prohibida la reproducción, total o parcial del contenido de esta obra sin permiso escrito de su propietario.

Ficha bibliográfica

Morales, Rafael

Cómo cobrar facturas impagadas

Guía práctica para reclamar deudas mediante el procedimiento monitorio.

Colección Emprendimiento Ágil, Volumen 1

1a Edición - Febrero de 2021

Revisión D - Septiembre de 2022

ASIN: B08W3LPFQQ

ISBN: 979-8705609642 (Edición en tapa blanda)

ISBN: 979-8354882557 (Edición en tapa dura)

Cómo cobrar facturas impagadas

www.ingramcontent.com/pod-product-compliance
Lightning Source LLC
Chambersburg PA
CBHW020425220526
45464CB00002B/573